逆境勇者

Helen Keller

名世家紀

目錄

光芒

回首與前行

編者的話

喜歡閱讀嗎？我們為何要閱讀？閱讀能帶給我們什麼？閉上眼睛，靜心會神，想一想！

目川認為：閱讀文字可以讓大腦產生一連串的聯想，自由豐富的想像，將字句片段轉化成專屬畫面躍然飛翔，從心出發徜徉文字海，悸動如浪，層層疊疊激起波瀾。閱讀不僅僅是文字的瀏覽，當下心情的投射透過字裡行間的轉折迴盪，帶領我們心遊神往。如果世上真有時光機，那定是永垂不朽的名著流傳！台灣知名出版人郝明義先生就曾這麼比方：「當代作品提供給人們的是可以直接使用的財富來源，而經典是個存摺，它提供給我們不是馬上使用的鈔票，它可能是個金元寶或金錠子，雖然需要多一道手續提取，卻有著不可替代的價值。」

在這個資訊爆炸的時代，每隔幾天就有新的「迷因」（註）竄起，流行語和商業作品總是攻城掠地般的快速攻佔我們的雙眼、佔據我們的腦容量，快速而方便的速食文章，讓我們暫停在接收端。讀取文字、咀嚼文意、內化涵養，種種閱讀帶給我們的成長，似乎正在消逝滅亡。所以目川鼓勵孩子閱讀名著，名著是經過時間沉澱後的菁華，是前人的智慧與情感，是永遠探索不完的寶藏。透過文字世代相傳，如果孩子能夠讀得懂、看得透，那便是接續了文化傳承的交棒，一代又一代的孩子，帶著閱讀名著種下的美好，邁步前行追尋屬於自己的詩和遠方。

【世紀名家：逆境勇者】已是系列的第四本，你是否想像過失去視力，無法看見美麗的風景，也無法閱讀一般書本上的文字，若是如此，想必要請別人一句一句念給你聽，才能知道書本的內容吧！在這情況下你是否能表達自己，說出自己的心聲，在一片黑暗與寂寥中，你會如何是好？

而作者海倫．凱勒，不僅失去視力，還失去聽力，但在老師的耐心教導之下，衝破無聲的隔閡，活出精彩的一生。她帶給世人的，不管是一顆堅毅的心，還是喚起社會上身心障礙人士的權益，以及特殊教育發展的卓越貢獻，實在是筆墨難以詳述。直到今日，國際獅子會將六月一日訂為全球的「海倫凱勒紀念日」，全球的獅子會在這天舉辦視力相關的服務活動，以紀念她的貢獻。

本書用自傳式的文體，帶著我們一同體會沒有聲音、沒有光明的世界，也帶領我們在黑暗中點燃一絲光明，逐步的探索學問，希望讀者讀完此書，能夠培養一顆堅毅的心，用更多的愛去幫助需要幫助的人們。

兒時

第一章　關於童年

書寫自傳令我惶恐。我的童年被帷幕籠罩，要將其掀開讓我深感不安。童年時光距今已久，哪些是事實？哪些又是我的幻想？連我自己也分不太清楚了。

為了避免冗長乏味，我只將最有趣和最有價值的事情敘述出來。

一八八〇年六月二十七日，我出生在塔斯昆比亞，那是一個位於美國阿拉巴馬州北部的小城鎮。

父親的祖先是瑞士人，後來移民到美國的馬里蘭州，並在此定居。讓人驚訝的是，我的其中一位祖先還是聾啞教育專家。誰又能想到呢？他竟有我這樣一位又盲又聾又啞的後人。每次想到此事，我都覺得世事無常啊！

我的祖父在阿拉巴馬州買了土地後，整個家族就在這裡定居了下來。

我的父親亞瑟．凱勒是南北戰爭中，南方聯軍的一名上尉；母親凱特．亞當斯是他的第二任妻子，年紀比他小很多歲。

當時，南方人習慣在居住的房子附近再蓋一間小屋子，以備不時之需。父親在南北戰爭之後，也蓋了這樣的建築，屋子只有一個大房間和一個供僕人休息的小房間。父親和我的母親結婚後，就住進了這間小屋。在我還沒有因為生病而失去視力和聽力之前，也住在這裡。

房子被葡萄藤、攀藤玫瑰和金銀花環繞攀附，從院子望過去，就像是一座用樹枝搭建而成的涼亭。小小的門廊隱沒在黃玫瑰和南方茯苓花交織而成的花叢裡，是蜂鳥和蜜蜂最喜歡出沒的地方。

凱勒家族的祖宅和我們的小屋只有幾步之遙，房子和周圍的樹木、圍欄爬滿美麗的常春藤，因此被人稱為「常春藤園」，那裡是我童年時的樂園。

我會沿著黃楊樹籬摸索前進，憑著嗅覺找出含苞初綻的百合花和紫羅蘭。將溫熱的臉湊近清涼的樹葉和青草之間，沉浸在涼爽歡愉的氛圍之中。當我輕輕漫步在花園的每一處美景當中，感覺多麼的愜意啊！

在花園盡頭破敗的涼亭上，繞滿了綠意盎然的常春藤、蔓生的鐵線蓮、垂懸的茉莉，和一些叫做蝴蝶百合的稀有花卉，這種花卉脆弱的花瓣就像蝴蝶的翅膀一樣。不過，最惹人憐愛的依然是攀緣在門廊上的薔薇花，它們在清晨晶瑩剔透的露水中，顯得那樣純潔、嬌嫩，在空氣中瀰漫著清新的淡淡幽香。

和其他幼小的生命一樣，我的出生簡單而平凡，但就像每個家庭中的第一個孩子一樣，在為我取名時，父親和母親熱烈地討論了一番，大家都說，家裡第一個孩子的名字不能太過普通。

父親建議用他十分尊敬的一位祖先蜜德莉．坎貝爾的名字為我取名，母親則說我應該以她母親的名字命名。再三討論過後，母親如願以償。外婆結婚前的名字是海倫．埃弗雷特，於是我的名字就這樣定了。

父親興奮地把我抱往教堂，但慌亂之中，他在去教堂的路上把名字忘了，因此，當牧師向他詢問孩子的名字時，他只記得用我外婆的名字為我命名，還將名字說成了「海倫．亞當斯」(Helen Adams)，而非「海倫．埃弗雷特」(Helen Everett)。

我聽說，在我學會走路之前，就已表現出某種不服輸的性格，看見別人做任何事情都堅持要模仿。當我年僅六個月大的時候，我已經能發出「你好」(how d'ye) 和「茶、茶、茶」(tea, tea, tea) 的音。「水」(water) 這個字也是在這段時間學會的，即使在我生病以後，我依然會發出表示這個字的第一個發音。直到學會拼寫這個字後，我才不再發出「瓦—瓦」的音。

家人還告訴我，我一歲的時候就會走路了。那天，母親把我從澡盆裡抱出來，她摟著我，突然間，我像是被地面上斑駁舞動的樹影吸引，從母親的膝上溜了下來，朝樹影跌跌撞撞地走去，笨拙地踩著地上的影子，結果不小心跌倒了，還哭著要母親抱。

然而好景不常，在某個陰鬱的二月天，我突然生病了，且高燒久久不退。醫生診斷出來的結果是：急性的胃部和大腦充血，情況十分嚴重，他們甚至宣稱我的病情已經無力回天了。但在某天清晨，我的高燒居然奇蹟般地退去。眾人歡天喜地，但是當時沒有人知道，這場疾病封閉了我的眼睛和耳朵，我將永遠看不見東西，也聽不見聲音了。

我對那場痛苦的疾病仍有模糊混亂的記憶。我記得在昏睡中偶爾清醒的時刻，母親努力安撫我的那份慈愛和溫柔，以及我在輾轉反側醒來時，因眼睛乾燥熾熱而不得不把臉轉向牆壁，躲避我一向喜愛的亮光，直到它變得愈來愈灰暗、愈來愈模糊不清。但是除了這些一閃而過的記憶之外，一切都顯得那麼的虛幻，猶如一場可怕的噩夢。

漸漸地，我已經習慣被沉默及黑暗籠罩的生活，甚至忘了自己也曾感受過光明和聲音，直到遇見我的家庭教師—蘇利文老師。是她減輕了我心中的負擔，讓我重拾對世界的希望。但無可否認的是，在我生命最初的十九個月裡，我確實見過綠色無邊的田野、廣闊明亮的天空、青翠茂密的樹木和柔軟嬌豔的花朵。

那場大病以後頭幾個月的事情，我已經不復記憶，只記得自己經常坐在母親的懷裡，或者在她做家務的時候，緊緊地抓著她的裙子。我用手的觸摸感知著每一件東西，揣摩每一個動作，並用這種方式瞭解了很多事情。

我開始渴望與別人交流，因此有了一些簡單示意動作。例如：搖頭表示「不」(no)，點頭表示「是」(yes)，拉著別人往我這裡表示「來」(come)，推手表示「走」(go)。

我如果想要麵包，那麼我就會模仿切麵包和抹奶油的動作。如果我想讓母親在晚餐時做冰淇淋，就會做出操作冰淇淋機的動作，加上身體發抖的樣子，表示「冷」。母親也竭盡所能做出各種動作，讓我瞭解她的意思。而我總能和她心意相通，如果她要我替她拿東西，我會馬上跑上樓或到她示意的地方去拿給她。在無盡的漫漫長夜裡，所有我能得到的美好與光明，都是多虧母親慈愛的智慧。

五歲時，我學會了把從洗衣間裡拿出來的乾淨衣服摺好收起來，還能分辨哪些衣服是自己的。我可以從母親和姑姑穿的衣服，知道她們什麼時候會出門，而我總會請求她們在出去的時候帶上我。有客人來訪的時候，家人總會叫我出來打招呼；客人離開的時候，我會向他們揮手告別。

一天，我從前門關閉所產生的震動和其他的動靜知道有客人來訪了。於是，便趁家人不注意的時候跑上樓，穿上我認為會客時應該穿的衣裳。

接著，我站在鏡子前，模仿別人的動作：往頭髮上抹頭油，在臉上搽上了厚厚的一層粉，又在頭上別了一塊面紗，蓋住自己的臉。我還把一個巨大的裙子撐架捆在我細小的腰上，結果撐架就這樣懸盪在我身後，幾乎撐開裙子的下緣。「裝扮好」之後，我就下樓去幫忙招待客人了。

我不記得我什麼時候開始意識到自己和別人不一樣，但那應該是在蘇利文老師來到我家之前的事。

我注意到母親和我的朋友都是用嘴巴在交談，而不是像我一樣用動作來表示。所以有時候，我會站在兩個說話的人之間，伸手摸著他們的嘴脣。

但我仍然弄不明白他們言語的意思，於是我瘋狂地做著手勢、蠕動嘴脣，企圖與他們交談。然而他們卻一點反應也沒有！這讓我大發雷霆，不停地又踢又跳、又吼又叫，直到筋疲力盡為止。

我想我知道自己什麼時候最無理取鬧，也知道自己亂踢保姆艾拉時她會有多痛，所以發完脾氣之後我心裡總會感到後悔，但是每當得不到想要的東西時，我還是會故態復萌。

在那些孤單的日子裡，廚娘的女兒瑪莎和老獵犬貝爾是我忠實的夥伴。

瑪莎能夠讀懂我的手勢，並按照我的希望去做任何的事情，非常順從我的指揮。我身強體壯、活潑好動、做事又不顧後果，而且堅持自己要什麼，即使得竭盡全力為之抗爭也在所不惜。

我們把許多的時間都消磨在廚房裡揉麵團、幫忙做冰淇淋、磨咖啡豆、餵食繞著廚房臺階打轉的母雞和火雞等等。這些雞大多都非常溫順，牠們會從我的手裡啄食飼料，還會乖乖地讓我撫摸。

有一天，一隻大公火雞從我手中搶了一個番茄後就跑走了。受到火雞先生的啟發，我和瑪莎把廚娘剛撒好糖霜的蛋糕偷偷拿到木材堆邊吃個精光，但也因此吃壞肚子，吐得一塌糊塗。不知道那隻大公火雞是否也遭受了同樣的懲罰。

珍珠雞總喜歡把蛋窩藏在僻靜的地方，我最開心的事情之一，就是在高高的草叢裡摸出珍珠雞的雞蛋。每當我們找到珍珠雞窩的時候，我從不讓瑪莎將蛋拿回家，並用手勢告訴她，她有可能會因為摔跤而把蛋摔破。

儲存玉米的穀倉、養馬的馬廄，還有擠牛奶的乳牛場，皆為我和瑪莎帶來無盡的歡樂。比如說，擠奶工在擠奶的時候，會讓我把手放在乳牛的身上，我也常因為好奇而被

乳牛的尾巴甩打過好幾次。

雖然我不知道過節的意義，但是為聖誕節做準備永遠是一件令我感到開心又興奮的事情。家裡人會給我和瑪莎好吃的零嘴、允許我們磨香料、挑揀葡萄乾、舔一舔攪拌用的勺子。我也會模仿別人把長襪子掛出來，但其實我對聖誕節的儀式沒有什麼興趣，所以也不會在天亮前起床找禮物。

七月一個炎熱的下午，我和瑪莎坐在迴廊的臺階上，忙著剪紙娃娃，但是過沒多久我們就厭倦了這個遊戲，於是我把注意力轉向了瑪莎的頭髮。

瑪莎的頭髮全都用鞋帶一小束、一小束地紮起來，就像有許多開瓶螺旋鑽戳在腦袋上。我蠻橫地剪了她的頭髮，她也抓起剪刀剪掉了我的一縷金髮，要不是母親及時制止，我的頭髮說不定就被剪光了。

我的另一個夥伴—老狗貝爾—非常慵懶，牠寧可在壁爐前打瞌睡，也不願意和我一起玩。我想教牠手語，可是牠又笨又不專心，讓我很惱火。在手語課程的尾聲，貝爾會懶洋洋地爬起來，伸伸懶腰，走到壁爐的另一端重新躺下，失望透頂的我只好到處去尋找瑪莎。

一天，我不小心把水灑在圍裙上，於是我把圍裙攤開來放在客廳的壁爐前烘乾。由於圍裙乾得不夠快，不耐煩的我便把圍裙扔在火熱的爐灰上，沒想到火苗突然竄起，將圍裙瞬間點燃，還燒著了我身上的衣服。我被嚇得瘋狂大叫，年長的保姆維妮聽見後馬上趕了過來，她把一塊毯子蓋在我身上，差點把我悶死！幸好，最後還是成功把火撲滅了。我除了手和頭髮外，其他地方只有輕微的燒傷。

大約就在這段時間，我發現了鑰匙的妙用！有天早晨，我把母親鎖在儲藏室裡，其他人都在屋外工作，當我感覺到她使勁敲門而產生的震動時，忍不住開心地大笑。母親就這樣被鎖在裡面整整三個小時。

因為我的惡作劇，父母下定決心讓我儘快接受教育。蘇利文老師來了以後，我找到一個機會，也把她鎖在她的房間裡，又把鑰匙藏在壁櫥底下。由於始終沒有辦法誘導我說出鑰匙的下落，父親不得不找一把梯子，讓蘇利文老師從窗戶裡爬出來。直到好幾個月以後，我才交出那把鑰匙。

在我五歲的時候，我們一家搬到了一棟新的大房子裡。家裡有爸爸媽媽、兩個同父異母的哥哥，後來又有了小妹蜜德莉。

我對父親最初的記憶是，有一次我穿過一堆堆的報紙，來到父親面前，發現他獨自一人舉著一張報紙。我不明白他在做什麼，於是學著他的樣子，甚至戴上他的眼鏡，以為這能幫我解開謎團，發現其中的祕密，直到後來，我才知道那些

是報紙，而父親是其中一家報社的編輯。

父親寬容又慈愛，也非常顧家。他擅長打獵，而且十分好客。據說他種的西瓜和草莓是這個地區品質最好的。而他總是把最早成熟的葡萄和漿果摘給我吃。我還記得他領著我從一株葡萄走到另一株葡萄、從一棵樹走到另一棵樹，以及在我高興時，他表現出的歡欣。種種情景，至今依舊歷歷在目。

他的故事講得非常出色。在我學會了說話之後，他常把有趣的事情拼寫在我的手心上，而他最高興的事，就是聽我把這些趣聞複述一遍。

得知父親去世的消息是在一八九六年。當時我人正在北方度假，享受宜人的夏天，卻驚聞父親得急病驟然辭世的噩耗。這是我第一次經歷失去親人的巨大悲痛，也是我第一次親身經歷死亡。

我又該怎麼描述我的母親呢？她和我十分親近，反而讓我不知道該從何說起。

從我出生之後，便享盡父母的寵愛，過著無憂無慮的生活。當我的小妹出生後，有很長的一段時間，我都把她當成一個突然闖進我們生活的人，因為我知道自己不再是母親唯一的寶貝了。她坐在媽媽的懷裡，占據了我的位置，奪走母親的關愛和時間，這讓我嫉妒不已！而且後來發生的一件事情，更是讓我覺得自己受到了莫大的侮辱。

那時，我有一個心愛的洋娃娃「南希」。南希是我脾氣失控時無助的受害者，但我也對她傾注了我所有的愛意。我從沒有這樣愛過一個洋娃娃，我愛她，勝過愛任何一個會眨眼、說話的娃娃。我常將南希放進她的搖籃，學著媽媽的樣子安撫她。

有一天，我發現妹妹正舒舒服服地睡在南希的搖籃裡，我頓時氣炸了，立即衝過去把搖籃掀翻，如果不是母親及時接住她，她可能就摔死了。當時，我正處於聾盲的雙重孤獨之中，並不能理解關愛的言語和陪伴所帶來的溫暖。

一直到後來我懂事了，蜜德莉和我才終於進入彼此的心靈，儘管她不理解我的手語，而我也不明白她的稚氣語言。

隨著年齡的增長，我想要表達自己想法的渴望也不斷地增強。僅有的幾個手勢愈來愈不夠用，致使我在無法讓別人明白自己的意圖時，總會大發雷霆。

那就像隱形的手抓著我，我拚命地想掙脫。不是需要幫助的那種掙扎，而是一種精神上的交戰。我通常會忍不住大哭一場，直到精疲力盡。如果母親在旁邊，我就會鑽進她的懷抱，傷心得讓她不知所措。

之後，因為我對與人溝通的需求變得非常迫切，所以幾乎每天都會爆發這樣的情緒，有時候甚至每小時就會發生一次。

父親和母親都感到非常苦惱，因為他們不知道該如何排遣我心中的痛苦。由於我們居住的地區離聾盲學校很遠，而且幾乎沒有人願意到一個窮鄉僻壤的地方來教一個又聾又盲的孩子，因此，一些親戚朋友甚至懷疑我是否真的能夠受到教育。

後來，母親在閱讀狄更斯的《美國紀行》時看到了一線希望。書中提到一位聾盲少女—蘿拉．布里奇曼，經由郝博士的教導，學有所成。然而，發現聾盲人教育方法的郝博士已經去世多年了，究竟該如何才能讓一個遠在阿拉巴馬州小鎮裡的聾盲小姑娘接受教育呢？

我六歲左右，父親聽說在巴爾的摩有一位非常有名望的眼科醫生奇澤姆，成功地治癒許多復明無望的患者。於是，父母親決定帶我去巴爾的摩，看看我的眼睛還有沒有治癒的希望。

這是一次十分愉快的旅行。我在火車上認識許多朋友。一位女士給了我一盒貝殼，父親在貝殼上鑽洞，讓我能把貝殼們串在一起；列車長很和藹，他總讓我把玩他的車票打孔器。那時，我就蜷縮在座位的角落，自得其樂地在紙板上打洞，玩上好幾個小時也不厭倦。

此外，我的姑姑也用毛巾為我做了一個娃娃，可是這個臨時做出來的娃娃既沒有眼睛、鼻子，也沒有嘴巴和耳朵。

沒有眼睛，對我而言，這個缺陷比其他的任何問題都要讓我感到震驚。我堅持要每個人想辦法，但終究沒有人能幫娃娃加上眼睛。

這時，我突然想到一個好主意。我從座位上溜下來，在座位底下找到了姑姑的斗篷，那上面鑲釘著大大的珠子。我扯下兩顆珠子，示意姑姑縫在我的娃娃上。姑姑按我的意思把珠子縫到娃娃臉上，讓我高興得手舞足蹈。但過沒多久，我就對這個娃娃失去了興趣。

在整個旅途中，我沒有發過一次脾氣，因為一路上許多新鮮的事物占據了我的腦袋和手腳。

抵達巴爾的摩之後，奇澤姆醫生熱情地迎接我們，但是他在檢查後，對我的情況表示無能為力。不過，他鼓勵著我們，說我能夠接受教育，並且建議我的父親去華盛頓找貝爾博士，向他詢問有關聾盲兒童學校和老師的資訊。

我們立刻前往華盛頓拜訪貝爾博士。在那裡，我感受到貝爾博士的關心和慈愛。他把我抱在他的膝蓋上，並拿出懷錶報時，讓我能感受到懷錶響起時產生的震動。貝爾博士能理解我的手勢，因此我馬上就喜歡上他了。

貝爾博士建議父親寫一封信到波士頓帕金斯學院。《美國紀行》一書中，郝博士為盲人付出巨大努力和愛心的地方就是那裡。博士建議父親問問那裡的院長阿納諾斯先生，看看他是否能為我找到啟蒙教師。

父親立刻照做。幾星期後，我們就收到了阿納諾斯先生的回信，信上說他已經找到了一位老師。當時是一八八六年的夏天，但是蘇利文老師直到一八八七年的三月才終於來到我家。

我已經為海倫
找到了一位老師。

曙光

第二章「老師蘇利文」

我一生中最重要的日子，莫過於我的老師蘇利文來到我身邊那一天。

那天下午，我站在門廊上。從母親的手勢和家裡人匆匆忙忙的步伐中，我猜想，一定有什麼不尋常的事要發生了，因此我走到門口，帶著期盼的心情在臺階上等待。我不知道未來將有什麼奇蹟會發生，當時的我，剛經歷數個星期的憤怒和苦惱，已經疲憊不堪了。

在未受教育之前，我就像是航行在大海上，受困在白色濃霧之中的小船，沒有方向，也無法知道離港口有多遠。

「光明！給我光明！」這是來自我靈魂的無聲呼喚，而就在那個時刻，我沐浴到了愛的光輝。

我感覺有腳步走近，我以為那是母親，便立刻伸出了雙手。接著，有人輕輕地握住我的手，將我抱起來，緊緊摟在懷裡。她就是那個為我揭示一切事物的人，也是帶給我愛的人。

第二天早上，蘇利文老師帶我到她的房間，並給了我一個布娃娃。後來我才知道，這布娃娃是帕金斯學院的盲童送給我的，蘿拉．布里奇曼還親手為娃娃做了衣服。

我和娃娃玩了一會兒，蘇利文老師慢慢地在我的手心裡寫下「娃娃」（doll）這個詞，這讓我對這個手指遊戲產生了興趣，並在她的手上模仿她的動作。

能正確地寫出字母後，我感到前所未有的快樂和自豪，高興得連臉都紅了。我立即跑下樓，找到母親，然後在她手心裡寫出「娃娃」這個詞。

我當時並不知道自己在拼寫一個詞，甚至不知道字母的意義。在往後的日子裡，我學會了許多詞彙，其中有：帽子（hat）、杯子（cup）、別針（pin），以及一些動詞，如：坐（sit）、站（stand）、走（walk）。老師教了我幾星期後，我才明白，一切事物都有自己的名字。

有一天，蘇利文老師試圖讓我理解「馬克杯」（mug）就是馬克杯，「水」（water）就是水，因為我把這兩者搞混了。我們為了這兩個單詞爭執了好長一段時間。後來，她不再和我爭辯，而是從頭開始講起「娃娃」這個單字。

她反反覆覆的講解使我非常厭煩和生氣，我一把抓起一個娃娃摔在地上，這種感覺真是痛快極了！我既不難過，也不後悔，因為我對這個娃娃並沒有愛。在我生活的這個寂靜無聲且黑暗的世界裡，沒有柔情和關愛。

我感覺到老師把碎片掃到壁爐邊。然後，她遞給我一頂帽子，我知道這就表示我們要去戶外晒太陽了。

我們沿著小路朝水井房走去。恰巧有人在打水，老師便把我的手放在出水口下方。當清涼的水流過我其中一隻手的時候，她在我的另一隻手上拼寫了「水」這個詞，先是慢慢寫，然後快速寫。我一動也不動地站在那裡，全心全意地感受她在我手心裡的動作。一瞬間，被遺忘的記憶湧入腦海，神祕的語言世界就這樣展現在我的面前。

就在那個時刻，我明白了「水」是在我手上自由流淌的一種清涼的東西。這個具有蓬勃生命力的詞語喚醒了我的靈魂，它帶給我光明、歡樂和希望。

水井房的經歷使我瞭解—所有的東西不只有名字，還有生命。回到家，我想起了被我摔碎的娃娃，便摸索著走到壁爐邊，拾起碎片。我試圖將它們重新拼回去，但一切努力都是徒勞。我的眼裡蓄滿了淚水，生平第一次感到悔恨和難過。

就在那天，我學會了許多新詞，其中有些詞我永遠也不會忘記：「母親」、「父親」、「妹妹」、「老師」，是這些詞語把我帶進了一個多采多姿的世界。那天晚上，我躺在自己的床上，沉浸在幸福的喜悅之中，迫不及待地盼望著新的一天到來。

蘇利文老師來到我身邊的那個夏天，各種往事至今我仍記憶猶新。那時，我不斷地用手觸摸身邊的事物，盡力學會每一樣東西的名稱。觸摸的東西愈多，對其名字和用途瞭解得愈詳細，我對這個世界的瞭解也就愈多，因此也變得更有自信，且能真切地感受到自己和外界的聯繫。

當雛菊吐露芬芳的時候，蘇利文老師牽著我的手，穿過人們開始播種的田野，來到河邊。我們坐在溫暖柔軟的草地上，開始新的人生課程。在這裡，她和我講了大自然的神奇故事。

我知道了陽光和雨水是如何滋潤每一棵植物，讓它們開花結果、成長茁壯；也明白了鳥兒是如何搭窩建巢、遷徙繁衍；還有松鼠、鹿、獅子和各種動物是如何尋找食物、如何避開天敵的追捕。

隨著知識的增加，我愈來愈能體會世界的美妙和生活的快樂。蘇利文老師教會我從散發清香的樹木、每一片草葉，和我小妹手掌的曲線中尋找到美。受到她的啟蒙，我和大自然產生連結，我和小鳥、鮮花成為朋友。但在這段期間卻發生了一件事，讓我發現，大自然並不總是仁慈的。

有一天，蘇利文老師和我在清晨的樹林中漫步著。一開始，天空還是晴朗無雲的，

但是在中午我們回家的路上，天氣卻突然開始悶熱起來。我們只好先停在樹下小憩。

樹蔭下非常涼爽，在蘇利文老師的協助下，我爬到樹杈上坐了下來。坐在樹上的感覺很舒服，於是蘇利文老師建議我們在這裡吃午餐，而我也答應她，在她回家去取午餐回來之前，我一定會乖乖地坐在這裡，不會亂動。

就在蘇利文老師走後不久，我察覺到空氣裡忽然沒有了太陽的溫暖，那些對我來說代表光明的熱度都消失了，現在的天空肯定布滿烏雲、一片昏暗。地面上也泛起一股泥土的腥味，我總會在雷雨到來之前聞到這種味道。一種無法形容的恐懼緊揪住我的心，強烈的孤獨與無助襲捲我的全身。巨大的森林變得陌生，未知的事物緊緊包裹著我，我一動也不敢動，只能焦急地期盼老師快點回來。

在片刻的沉寂之後，周圍的樹枝開始來回晃動，樹葉也跟著顫抖。一陣大風颳過，如果我沒有拚命地抱緊樹杈，很可能就會被風颳下樹去。大樹搖晃著，細枝被折斷，震顫一直傳到我所坐的樹杈上。我又驚又怕，想從樹上跳下去，但是恐懼將我牢牢地釘在樹杈上。

正當我心中的不安到達極限的時候，老師握住我的手，並把我從樹上扶下來。我緊緊地抱著她，為能再次腳踏實地而高興地顫抖著。我想我又學到了一種新的知識—在大自然最溫柔的觸摸之下，隱藏著最危險的利爪。

經歷了這件事情以後，有很長一段時間，我都不敢再爬樹，只要一想到當時的情景就讓我不寒而慄。直到金合歡樹用那繁茂的花朵和誘人的芬芳，幫我克服了心裡的恐懼。

那是一個風和日麗的春天早晨，我獨自在花園的涼亭裡讀書，空氣中有一股好聞的淡淡花香緩緩飄來。我立刻就辨別出這是金合歡花的香氣，於是摸索著走到花園盡頭的籬笆旁邊。金合歡樹就矗立在那裡。

溫暖日照下，開滿鮮花的樹枝幾乎垂到了草地上，在和煦微風的吹拂下微微顫動，雨點般的花瓣散落地面。我穿過紛紛飄落的花瓣，在樹下站了片刻後，才把腳放到了樹枝間的空隙，用雙手將自己拉舉到樹上。爬樹很困難，我握不住樹枝，樹皮又太粗糙，把我的手都磨傷了。

但我卻有了征服某樣東西的愉悅與興奮。我繼續往上攀爬，愈攀愈高，直到抵達一個可以穩坐的地方。我在那裡坐了很久，感覺像一個坐在彩色雲朵上的仙女。從那以後，我常像這樣，在我的天堂之樹上任由幻想奔騰，遨遊於美麗的夢境。

現在，我擁有了通向語言之門的鑰匙，並急切地想要學會如何運用它。那些聽力正常的孩子不需要特別努力就能掌握語言的能力，他們能輕鬆地領會從別人嘴裡吐出的詞彙，但是聾兒必須在緩慢而痛苦的學習過程中捕捉它們。儘管過程不同，但結果同樣是美妙的。

我從說出物體的名字開始，一步步前進，從最初斷斷續續的音節，一直到領略莎士比亞的十四行詩中的磅礴思想。

剛開始，每當老師告訴我一個新鮮的事物時，它在我的腦海中總是很模糊，由於詞彙量不足，我常常提不出什麼問題。慢慢地，隨著知識的增加和詞彙量的豐富，我提問

的範圍漸漸擴大了，因此便熱切地希望能夠獲取更多的資訊。

我還記得第一次詢問「愛」（love）這個詞的情景。那是清晨時分，我在花園裡摘了幾朵剛盛開的紫羅蘭，放到老師的手裡。她非常高興，想要親吻我，但那個時候除了母親以外，我不喜歡別人親我。老師輕輕地摟著我，並在我的手心裡慢慢地拼寫出「我愛海倫」這幾個字。

老師將我拉進懷裡，用手拍拍我的胸口，告訴我：「愛在這裡。」我無法理解她說的話，因為當時除了能觸摸到的東西以外，我幾乎什麼都不懂。

我嗅著她手裡紫羅蘭花的淡淡清香，用文字和手語交雜的方式問道：「愛就是花香嗎？」

老師回答：「不是。」

暖和的陽光照在我身上，我指著光芒照射的方向問她：「這是愛嗎？」

在我看來沒有什麼比太陽更美好的了，因為它能使萬物生長不息。但老師還是搖搖頭，這讓我感到迷惘和失望，同時也覺得很奇怪，為什麼老師無法向我解釋什麼是愛？

過了幾天，我在玩把不同大小的珠子按對稱的方式串起來的遊戲，卻總是出錯，蘇利文老師耐心地一一指出我的錯誤。我把注意力都集中在遊戲上，努力嘗試如何正確地排列珠子。這時，蘇利文老師鄭重地在我的手心裡拼寫出「想」這個字。

剎那間，我明白了，「想」是指我的大腦在進行這個過程的名字。這是我領悟到的第一個抽象概念。

我一動也不動地坐著，試著根據這個新想法找到「愛」的含義。那一天，烏雲籠罩著天空，一整天都不見太陽的蹤影，在下了一場陣雨之後，太陽悄然出現，散發出耀眼的光芒。

我再一次問老師：「這是愛嗎？」

「在太陽出來之前，愛就像天空中的雲彩。」老師回答道。她似乎察覺了我的困惑，於是用更淺白、但當時我仍無法理解的話，對我解釋道：「你無法摸到雲彩，但是你能感覺到雨。在炎熱的陽光下，那些花草、樹木和乾渴的土地是多麼希望能夠得到雨水的滋潤啊！愛也是摸不到的，但你能感覺到它滋潤心靈的甘甜。沒有愛，你不會快樂，也不會有心思玩耍。」

這些美麗的話語深深地印在我的腦海裡，我感覺到，我的心靈和別人的心靈之間，有數條無形的紐帶互相連接著。

從教導我的第一天開始，蘇利文老師就像對待正常的孩子一樣對我說話。唯一不同的是她不是用嘴說出來，而是用手把句子拼寫在我的手心上。當碰到我不會拼寫的字或詞語時，她會告訴我；在我無法繼續與人溝通時，她會從旁協助我。

第三章 觸覺「視」界

這種狀況持續了好幾年，因為聾兒無法在一個月，甚至是兩、三年內學會日常生活中用於溝通的簡單詞彙。而那些聽力正常的孩子卻可以透過不斷的模仿來學會語言，並且透過語言溝通發展思維，自然而然地表達出自己的思想。

我的老師一開始就意識到這一點，並且努力彌補我身上缺失的這種能力。她逐字逐句、反反覆覆地教導我如何參與人們的交談。經過很長的一段時間，我才逐漸地掌握如何在恰當的時間，用合適的言語表達自己的想法。

對於盲人和聾人而言，從交談中獲得愉悅感是很困難的一件事，而對於又聾又盲的人來說，這種困難更令人難以想像。他們不能區分語氣，也無法觀察說話者的表情，然而人的神情往往能夠透露出說話者的內心世界。

我受教育的下一個重要階段，就是學習如何閱讀。

在我學會拼寫一些詞語以後，老師為我準備了一張張有著凸起單詞的紙板。我很快就明白每一個凸起的詞語，都代表一個物體、一個動作或者是一種性質。我有一個框架，可以用來把這些單詞排成簡短的句子。

但是，在把單詞放進框架之前，我總喜歡用物體把單詞表現出來，例如有：「娃娃」(doll)、「是」(is)、「在上面」(on)、「床」(bed) 幾個單詞的紙板，我會把娃娃放在床上，把「是」、「在上面」、「床」放在娃娃的旁邊，用這種方式把單詞拼成一個句子，同時物體本身也表述了句子的意思。

蘇利文老師讓我把「女孩」(girl) 這個詞別在自己的圍裙上，站在衣櫃裡。接著，再讓我把「是」(is)、「在裡面」(in)、「衣櫃」(wardrobe) 這些詞放在框架上。這個遊戲讓我雀躍不已，我和老師一玩就是幾個小時，屋裡的東西常常被我們組合成句子。

我從有著凸字的紙板慢慢過渡到閱讀書籍。

在書中，我努力尋找自己認識的字。這就像玩捉迷藏遊戲一樣讓我樂此不疲。我就這樣開始了閱讀。

有很長的一段時間，我並沒有正規的學習課程。很多時候，學習對我來說，更像是在玩耍。蘇利文老師會把教給我的知識，用一個有趣的故事或一首美麗的詩歌加以說明。只要是我感興趣的事情，她都會講給我聽或和我討論，彷彿她自己也變成了一個小女孩。許多孩子會感到畏懼的課程，比如：枯燥的文法、乏味的算術題和難解的名詞解釋，在她的耐心指導下，這些都成了我非常珍貴的知識。

我們常常到戶外閱讀和學習。比起待在屋子裡，我更喜歡充滿溫暖陽光的小樹林。我最初的課程都是在飽含樹葉和花草芬芳的小樹林裡進行的。

空氣中瀰漫著野葡萄的誘人果香，參雜著松針好聞的松脂味道。坐在野生鵝掌楸涼爽的樹蔭底下，我學會了思考，明白每一種事物都能讓人有所啟發，萬事萬物都有它們的作用。確實，一切能發出嗡嗡低吟、婉轉歌唱，或是會吐露花蕊、飄散芬芳的萬物都是我學習的對象。

我曾經抓過大聲鳴叫的青蛙、螽斯和蟋蟀，也曾經摸過毛茸茸的小雞、不知名的野花、山茱萸花、紫羅蘭和發芽的果樹。我輕摸綻開的棉桃，用手指感覺棉花的柔軟纖維和毛茸茸的棉籽；我感受微風吹過玉米稈時的「簌簌」聲、我的小馬噗噗打著響鼻時的氣息，和牠嘴裡的青草味。這些都深深烙印在我的腦海。

有的時候，我會在黎明時分起床，偷偷地獨自走到花園裡，低垂的露水懸掛在花瓣和草葉上。很少有人知道，把玫瑰輕輕捧在手裡，或者是感受百合花在清晨的微風中輕輕搖曳，是多麼愜意的事情！偶爾，我還能在採摘的花朵裡捉到一隻小昆蟲，並感覺到牠翅膀微微的震顫。

另一個我常去的地方是果園。水果在七月份就成熟了，碩大的桃子觸手可及。當清風在果樹間穿梭的時候，散發清香的蘋果會悄悄地掉落在我的腳邊。你很難想像，當我把果實拾到圍裙裡的時候，我有多麼歡喜。我總將微涼的蘋果貼在

還留有陽光溫度的臉頰上，滿懷喜悅地跑回家。

老師和我最喜歡散步到凱勒碼頭，在那裡一邊玩耍，一邊學習地理知識。我用鵝卵石建起堤壩、做出島嶼和湖泊，雖然都只是為了好玩，卻也在不知不覺中上了一堂課。

我專心地聆聽蘇利文老師描述這個奇妙的地球，那些炙熱噴發的火山、被埋葬的城市、移動的冰河，以及各式各樣奇妙的現象。為了讓我能夠更具體地感受地球上的事物，蘇利文老師用黏土做了立體地圖，讓我可以摸到山峰和峽谷，還能感受到蜿蜒曲折的河道。

然而，地球的氣候帶和兩極卻把我弄糊塗了。於是蘇利文老師用繩子代表不同的氣候帶，用木棒代表兩極。即使到今天，只要提到地球的氣候帶，我仍會聯想到一圈又一圈的繩子。

我唯一不喜歡的課程就是算術。從一開始，我對數學就不感興趣。蘇利文老師用串珠子的方法教我數數，還利用排列麥稈來教我學習加減法。我對這些功課很沒有耐心，常常排到五、六組就不耐煩了。完成幾道數學題以後，我便覺得心安理得，然後就跑去找我的夥伴們玩耍。

我也以同樣輕鬆、玩耍般的方式學習動物學和植物學。

有一次，一位先生送給我一些化石，當中有美麗斑紋的殼類軟體動物，也有印著鳥爪印痕的小塊砂岩，還有漂亮蕨類植物的淺浮雕。這些化石就像是一把把的鑰匙，可以開啟神祕的、存在於遠古時期的寶藏。

當蘇利文老師描述那些曾經行走在遠古森林中、陌生而龐大的猛獸時，我的手指都會忍不住激動又恐懼地顫抖。猛獸的名字古怪又難以發音，牠們折斷巨大樹木的枝葉作為食物，最終默默消亡在年代不明的可怕沼澤之中。

那時候，有很長一段時間，這些古老的凶猛生物時常出沒在我的夢境中，讓我心有餘悸。現在，我的世界充滿陽光和玫瑰，那些可怕的猛獸與現在快樂的生活，是非常強烈的對比。

還有一次，有人給了我一個美麗的貝殼，我帶著一個孩子的驚喜與好奇，聽著蘇利文老師的講述。她讓我知道，一個小小的軟體動物，是如何為自己建造一個色彩斑斕的螺旋貝殼，作為自己的安身之所，以及在沒有風浪的寂靜夜晚，鸚鵡螺怎樣航行在印度洋蔚藍的海面上。

我還知道了許多關於海洋生物的知識，比如：在海洋之中，小小的珊瑚蟲是如何搭建出那美麗又神奇的珊瑚島；有孔蟲又是如何築出陸地上的石灰岩山。老師讓我讀了

《鸚鵡螺》，告訴我軟體動物造殼的過程，就像是人類思想發展的象徵。正如同鸚鵡螺，把從海水中吸收的物質轉化成牠身體的一部分，我們積累的知識也會經歷類似的轉化過程，從而轉變成一顆顆思想的珍珠。

植物的生長也為我們提供了學習的教材。蘇利文老師為我買了一株百合花，放在陽光充足的窗臺上。沒過多久，細長、嫩綠的花苞緩緩地伸展，顯露出即將綻放的跡象。

接著，手指般粗細的葉子包裹著花瓣，花蕾羞澀地慢慢綻開。綻放的過程是如此有條不紊且迅速。令人驚奇的是，似乎在一株花上，總有一個花苞比其餘的花苞顯得更大、更美麗，它會姿態雍容地張開柔美、光滑的外衣，似乎躲在裡頭的花蕾知道，自己是神聖的百花之王。而它的姐妹們則會羞澀地摘下綠色頭巾，直到整株百合微微搖曳，暗香浮動，花滿枝頭。

曾經有一段時間，家裡擺滿植物盆栽的窗臺上，放著一個球形的玻璃魚缸，裡面有十一條小蝌蚪。我會把手放進魚缸裡，任由小蝌蚪在我的指間穿梭，感受牠們自在地游來游去，真是有趣極了。

一天，這些蝌蚪中，一個野心勃勃的小傢伙竟然奮力地跳出魚缸，掉落在地。當我找到牠的時候，牠似乎已經奄奄一息，只能輕輕晃動著牠的尾巴，示意牠還活著。但等到我將牠放回魚缸時，牠又立刻變得生龍活虎。牠快速下潛，一頭埋進水底，歡快地搖頭擺尾，四處游來游去。

這隻蝌蚪已經跳出過魚缸，看過魚缸以外的世界。現在，牠將心滿意足地待在這處倒掛在金鐘花下、美麗舒適的玻璃房子裡，直到長成一隻真正的青蛙。牠將會在位處花園盡頭、周圍草木茂盛的那座池塘中生活，在那裡，牠將用自己嘹亮的嗓音在夏夜裡引吭高歌。

就這樣，我不斷地從萬物本身汲取知識，藉此瞭解生命與世界。剛開始的我對此並不理解，是老師向我揭示了生命的奧祕。她的到來，使我的生命充滿了愛和歡樂。她從不放過任何一個機會，向我展示一切事物中蘊含的美麗，也從不放棄一切努力，用她的思想和言行，引導我成為一個生活充實且具有價值的人。

老師以她的聰明才智、敏感的同理心和無私的愛，使我在接受教育的最初生命是那般地美好。她抓住了恰當的時機將豐富的知識傳授給我，使我能輕鬆愉快地接受並理解它們。

她知道孩子的思想就像一條淺淺的溪流，歡快地流淌過鋪滿卵石的河道，水面上一下子倒映出近處的一朵小花、一下子倒映出一叢灌木，偶爾還會倒映出遠處的朵朵浮雲。她試圖引導我的思想，因為她知道她應該像一條河流一樣，有山上源水和地下泉水的不斷湧入，直到成為一條寬闊深遠的長流，才能夠在她平靜的水面上映照出連綿起伏的山巒、明亮絢麗的樹影、湛藍的天空，以及一朵小花甜美的笑臉。

雖然每位老師都能把孩子領進教室，但並不是每位老師都能讓孩子在學習後有所吸收。

我和老師相親相愛，幾乎密不可分，我實在無法想像，當自己離開她的時候，會是什麼樣的情況。我對美好事物的喜愛，有多少是天生的本能，又有多少是由於老師的影響，連我自己也說不清楚。我覺得老師已經成為了我生命的一部分，我的生命足跡就建立在她的生活軌跡之中。我生命中最精彩的部分都要歸功於她，我的才能、志向或內心的快樂，無不是被她充滿愛心的教導所喚醒的。

對我來說，蘇利文老師來到塔斯昆比亞後的第一個聖誕節可是一件大事。家裡的每一位成員都為我準備了驚喜，而更令人興奮的是，蘇利文老師和我也為所有人準備了驚喜。我的家人們竭盡一切努力，用暗示和拼寫了一半的句子激起我對禮物的好奇心。蘇利文老師和我就這樣不停地玩著猜謎遊戲，這種寓教於樂的遊戲使我掌握了更多的語言技巧。

每天晚上，我們都會圍坐在溫暖的爐火邊，玩著猜謎遊戲。而隨著聖誕節一天天接近，我們的心情也愈來愈興奮。

聖誕節前夜，塔斯昆比亞小學都會點亮聖誕樹的彩燈。今年，他們邀請我去參加這個儀式。學校的教室中間矗立著一株美麗的聖誕樹，它的枝杈上掛滿新奇漂亮的果子，在柔和的光線下，整棵樹彷彿在發光。

這是一個歡欣幸福的時刻，我開心地繞著聖誕樹，興奮得又蹦又跳。當我知道每一個孩子都可以得到一份禮物時，我高興極了。準備這棵聖誕樹的好心人允許我協助他將禮物分送給其他的孩子們。在發禮物的時候，我忍不住想像著自己的那份禮物究竟會是什麼呢？

當我準備好要拆開自己的禮物時，幾乎控制不住激動的心情。我知道我的禮物並不是家人們做了暗示的那些禮物，因為蘇利文老師說，他們準備的禮物比現場的這些更好。不過她告訴我：「只要忍耐到明天早上，就可以知道禮物是什麼了。」

那天夜裡，我掛好聖誕襪以後，久久無法入眠。我假裝睡著了，卻時時刻刻保持著清醒，我想知道聖誕老人什麼時候來，又會給我帶來什麼禮物。只是最後，我還是敵不過睡意，抱著我的新娃娃和小白熊，迷迷糊糊地睡著了。

第二天早晨，我是第一個起床的，還用〈聖誕頌〉將全家人喚醒。我不僅在我掛的聖誕襪中找到了禮物，還在桌子上、所有的椅子上、門檻旁，以及所有的窗臺上都發現了驚喜。

我幾乎是每走一步就會碰到一個用薄棉紙包裝起來的聖誕禮物。而當老師把一隻金絲雀送給我的時候，我更是開心得手舞足蹈。

我替金絲雀取名為「小蒂姆」。牠非常聽話，還會跳到我的手指上，在上面跳來跳去，吃我手裡的櫻桃。蘇利文老師教我如何照料這隻新寵物：每天早上吃過早飯後，要為小鳥洗澡、把牠的籠子收拾乾淨、在牠的小杯子裡放滿新鮮的穀子和從水井房打來的水，還必須在牠的秋千上掛上一縷卷耳草。

一天早上，我把鳥籠放在窗臺上，然後去水井房打水準備替牠洗澡。回來開門的時候，我感覺到一隻大貓從我身邊溜了出去。起初我並沒有在意，但是當我把手放進鳥籠時，發現自己並沒有摸到小蒂姆柔軟的翅膀，牠的小尖爪子也沒有抓住我的手指，這時我才知道，我再也見不到我可愛的小歌手了！

第四章　踏上波士頓

我生命中的另一件大事是：一八八八年五月的波士頓之行。從做好出發前的各種準備，到與老師、母親一同啟程，旅途中的所見所聞，以及最後抵達波士頓的種種情形，一切都宛如昨日，歷歷在目。

這次的旅行和我兩年前到巴爾的摩的旅行迥然不同。我不再是一個焦躁不安、容易激動、時時刻刻希望引人注意的小淘氣了。

我安靜地坐在蘇利文老師的身邊，專心聽著她為我描述窗外的景象，而我對她所說的一切懷著強烈的好奇心。除了秀麗的田納西河、廣闊的棉田、起伏的山丘和茂密的樹林，還有在車站上說說笑笑的一大群黑人，他們向乘客們招手，來到一節節車廂，為我們帶來好吃的糖果和爆米花。

在我對面的座位上放著我破舊的大布娃娃南希。我為她穿上新的方格布衣裙、戴上一頂皺巴巴的花邊遮陽帽。有時候，我能感覺到她正用那雙玻璃珠所做成的眼睛看著我。當我對蘇利文老師的講述不感興趣的時候，我就會把南希抱在懷裡。這時，我通常會想像她已經睡著了，因此我會讓自己非常地安靜。

因為之後我再也沒有機會提到南希了，所以我想在這裡講講我們到達波士頓後，發生在她身上的悲慘經歷。由於我強迫她吃泥土餅乾，所以弄得她滿身是泥。帕金斯學院的洗衣女工看到娃娃這麼髒，便悄悄地帶走她，打算幫她洗澡。這對可憐的南希來說，簡直是一場災難。當我再次摸到她的時候，她已經變成了一團亂糟糟的棉花，如果不是那雙玻璃眼珠，我根本不可能認出她來。

當火車最後抵達波士頓火車站的時候，就像是一個美麗的童話變成了真實。童話故事裡提到的「很久很久以前」就是「現在」；「很遠很遠的地方」就是「這裡」。

剛到帕金斯盲人學院不久，我就和那裡的盲童成為了朋友。當我發現他們也會手語的時候，開心得不得了。能和別的孩子溝通是多麼讓人高興的事啊！在此之前，我就像是一個外國人，需要透過翻譯才能和人溝通。而在帕金斯盲人學院，大家靠的都是手語，讓我得到滿滿的歸屬感。

當時我花了一段時間，才清楚地意識到我的新朋友也是盲童。我知道自己看不見，但是從來沒有想過，這些在我周圍、和我一起嬉戲玩耍的孩子們也是盲童。在我要和他們溝通的時候，他們會把手放在我的手上拼寫，而且他們也會用手指閱讀。

當我注意到這一點時，我是多麼的驚訝和痛苦啊！我知道自己有雙重缺陷，所以我隱約中認為，既然他們可以聽得見，那麼，他們一定也有某種方法可以「看」得見。我並不指望自己能遇到另一個擁有雙重缺陷的孩子，因此當我發現一個又一個孩子，同樣都被剝奪了這樣寶貴的能力時，我的心裡十分難過。但是，他們是那麼的快樂和滿足，和他們在一起，讓我忘卻了痛苦和憂愁。

在波士頓，和盲童共同度過的日子，讓我完全適應了新的環境。我每天都盼望著新的一天到來，希望能遇到一個又一個愉快的經歷。我並不清楚周圍是否還有更廣闊的天地，因為我把波士頓當成我的整個世界，所以我很難相信，除了這裡之外，還有其他更加廣闊的地方。

我們在波士頓的時候，參觀了邦克山（註①），蘇利文老師還在那裡為我上了一堂歷史課。在我們的腳下，是勇士們戰鬥的戰場，他們的戰鬥故事讓我激動不已。我一邊數著臺階，一邊爬上紀念碑。當我爬得愈高，我就愈想知道，當年那些士兵是否同樣登上了這座高聳的階梯，朝下方地面上的敵人開槍。

第二天，我們坐船去普利茅斯。這是我第一次坐輪船，也是我第一次在海上航行。航海生活喧鬧又充滿活力，但是機器所發出的巨大聲響，讓我以為天空正在打雷。我哭了起來，因為如果下雨的話，我們就不能在戶外野餐了。

在普利茅斯，最吸引我目光且感興趣的是，「清教徒移民先驅」（註②）們登陸時踏上的那一塊巨石。對我來說，觸摸那塊岩石，會讓移民先驅們的艱辛與受人矚目的功績，顯得更加真實。

我的手裡常常拿著一塊普利茅斯巨石的小模型，這是一位慈祥的紳士送給我的。我用手觸摸它彎曲的輪廓、岩石中間的裂縫和浮雕的數字「1620」時，腦海裡會浮現出清教徒移民先驅們一樁樁可歌可泣的事蹟。我視他們為一群勇敢的開拓者，在這塊陌生的土地上建造自己的家園，並為民族的利益和自己爭取自由。

許多年後，當我知道他們的宗教迫害行為時，心中非常的震驚和失望，尤其是當後人為他們建立了這個「美麗的國家」而感到自豪的時候。

我在波士頓結交了許多朋友，包括威廉．恩蒂科特先生和他的女兒。他們將親切友好的種子播撒在我的心中，生長茁壯成了美好的回憶。

有一天，我們受邀來到他們位於貝弗里的農莊參觀。我依然記得那些令人愉快的場景—我興奮地穿過農莊裡的玫瑰園，他們家的大狗利奧和長著鬈毛的長耳小狗弗利茨跑出來迎接我們，跑得最快的駿馬尼姆羅德用鼻子拱我的手，要我拍拍牠，給牠一塊糖。

我也記得莊園附近的那一片沙灘，那是我生平第一次在沙灘上玩耍。那沙灘的沙子堅硬平滑，與有著鬆散尖銳的沙子、摻雜著海草和貝殼的布魯斯特海濱很不一樣。

恩蒂科特先生告訴我，許多從波士頓開往歐洲的大輪船都會經過這裡。後來，我又登門拜訪過很多次，他一直是我的好朋友。事實上，每當我稱呼波士頓為「愛心之城」時，我就會想到他。

在帕金斯學院放暑假時，我和老師被安排與霍普金斯夫人一起去科德角的布魯斯特度假。我非常高興，滿腦子想像的都是關於這次假期的快樂畫面，以及各種和大海有關的有趣故事和神奇的傳說。

海洋是我那個夏天記憶最深刻的。我一直住在內陸，從來沒有聞過帶有鹹味的海風，但是我在《我們的世界》這本書裡讀過關於大海的描寫，使我對觸摸深不可測的大海和感受洶湧澎湃的浪潮，充滿強烈的渴望。因此當我得知自己的願望就要實現時，我的心激動得怦怦直跳。

一換好泳衣，我就迫不及待地在溫暖的沙灘上奔跑，接著，毫不猶豫地衝進清涼的海水中，感受波浪托著我上下翻騰。我浮在水面上，玩得不亦樂乎。

突然，我的腳撞到了一塊礁石，隨後一道浪打了過來，海水淹過我的頭頂。我伸出手試圖抓住海水、抓住被海浪拋到我面前的海藻，但是一切都徒勞無功。海浪似乎在和我玩遊戲，它任意地將我從一個浪頭拋到另一個浪頭。踏實可靠的大地從我的腳下消失了，所有的東西—生命、空氣、關懷和愛—似乎都被隔離在這個陌生的環境之外。

終於，大海厭倦了這個新玩具，將我拋回到岸上，老師立即把我緊緊地摟在懷裡。那個溫暖的擁抱是多麼親切、多麼讓人有安全感啊！等我從驚恐中恢復過來後，問的第一句話就是：「是誰把鹽放進海裡的？」

在初次下水的恐怖經歷之後，我便只敢穿著泳衣坐在大礁石上，感受波浪不斷地撞擊礁石，濺起的浪花如驟雨般向我迎面撲來。我可以感覺到沉重的海浪一次次猛烈地拍打海岸，小小的鵝卵石不斷滾動。整個沙灘在海浪凶猛的攻擊下劇烈顫動，空氣中聞得到海水的味道一陣陣湧上岸來。翻滾的海浪退去以後，又重新聚攏，發起一次更猛烈的衝擊。我始終坐在礁石上，緊緊地抓著岩石，緊張而迷戀地感受著大海的震撼和咆哮。

我非常留戀在沙灘上度過的時光，清新自由的海風能夠讓人靜心思考，而貝殼、卵石和海藻中的小生物，對我有巨大的吸引力，讓我感到十分著迷。

有一天，我被蘇利文老師在淺水裡抓到的奇怪生物吸引過去。那是一隻巨大的鱟（ㄏㄡˋ）（註③），我以前從未看過這種生物。我摸著牠，對於牠居然能把房子背在背上

而感到驚訝。我突然有了一個想法：讓牠成為我的新寵物。因此我用兩隻手抓住牠的尾巴，想把牠帶回家。由於鱟很重，我提著牠，走了僅僅半英里的路，就用盡了我所有的力氣。

回到家裡，蘇利文老師在我的堅持下，把鱟放在水井旁邊的一個水槽裡，因為我認為牠沒辦法從那裡跑出來。但第二天早上，我跑到水槽邊，卻發現牠消失不見了。誰也不知道牠跑到哪裡去了，也不知道牠是如何逃跑的。

我失望極了，但是我慢慢地意識到，讓這個可憐又不會說話的傢伙離開牠生存的自然環境，既不仁慈，也不明智。過了一段時間之後，我想，牠也許已經回到大海了，心裡才又舒坦起來。

秋天，我帶著滿心歡喜回到南方的家。往後的日子裡，每次回憶起這次北方之行，心中便充滿喜悅。

一個清新美麗的世界，將它豐富、絢麗多彩的寶貴財富一一展現在我面前，讓我能夠盡情地汲取知識。我把自己融入一切事物之中，一刻也不停歇。我的生活就像那些生命週期只有短暫一天的小昆蟲一樣忙碌，且充滿了生機和活力。

我遇到許多人，他們在我的手心裡拼寫，和我溝通，在融洽的交流中，我們的思想充滿快樂的共鳴。這難道不是奇蹟嗎？我與他人的心靈之間，原本是一片草木不生的荒野，現在卻有如玫瑰一般綻放。

那年秋天，我和我的家人在避暑別墅裡度過。這座小別墅坐落於離塔斯昆比亞約十四英里的山上，那附近有一座早已荒廢的石灰岩採石場。另外，有三條活潑的小溪流途經此處，溪流蜿蜒曲折，若遇到岩石擋住它們的去路，便會一邊愉快地笑著，一邊蹦蹦跳跳地躍過障礙，形成一條奔騰的小瀑布飛流直下。瀑布下方匯集的水潭布滿蕨類植物，完全遮蔽了石灰岩河床。

這座山大部分的地方都覆蓋著茂密的森林：有巨大的橡樹，也有樹幹光滑的長青樹，這些大樹的樹枝上垂掛著一條條常春藤和槲寄生花；還有柿子樹上的柿子甜美的香味瀰漫在森林的每一個角落─淡薄的芬芳沁人心脾，令人心情愉悅。

有些地方，生長著野生的圓葉葡萄和卡帕農葡萄，它們的藤蔓從一棵樹上攀附到另一棵樹上，形成一個由許多藤蔓編織而成的棚架，總是吸引了各式各樣的蝴蝶，和許多發出嗡嗡聲的小昆蟲。傍晚時分，在這個綠色幽靜的樹林中，吸入陣陣清新涼爽的空氣，真是令人心曠神怡啊！

我們的小別墅有點簡陋，像是一個露營場。它位於山頂的橡樹林和松樹林中，是一個很美的地方。在一條長長的開放式走廊兩邊有一些房間，房子的四周則是寬敞的遊廊，在這裡總能呼吸到帶著植物清香的山風。我們大部分時間都聚集在陽臺上，大家一起在那裡聊天、吃飯、玩耍。

房子後面有一棵巨大的胡桃樹，周圍有一些圓形臺階。我們與這些樹木距離非常近，我甚至能摸到被山風輕拂的樹枝，還有在陣陣秋風中飄落的樹葉。

許多人都喜歡來採石場度假。晚上，男士們會在篝火旁玩牌，或者嗑牙聊天消磨時光。他們講述了一個個和打鳥、狩獵與釣魚相關的精彩故事，比如：射中多少野鴨和火雞、抓過多麼凶猛的鮭魚、如何捕獲狡猾的狐狸、怎樣和最機靈的負鼠周旋、又是怎麼追上跑得最快的馴鹿等等。我想，老虎、獅子、熊和其他的野獸，在這些機智的獵人面前，恐怕都要無處可逃了。

這群獵人在解散的時候，總會對彼此嚷道：「明天打獵去！」這是他們互道晚安的告別語。男士們就睡在屋外的走廊上，那裡有臨時設置的床鋪。睡在屋內的我，還能夠感覺到獵犬和熟睡獵人們深沉的呼吸。

黎明來臨，咖啡的香味、男士們來回走動的腳步聲，還有獵槍互相碰撞的聲音喚醒了我。獵人們正大步走出房子，準備出門狩獵。我還能感覺到馬兒踢蹬馬蹄的聲音。這些馬兒是獵人從城裡騎來的，牠們被拴在樹下過了整整一晚。清晨，馬兒大聲嘶鳴，迫不及待地想掙開繩索隨主人上路。終於，獵人們縱身上馬，蓄勢待發。然後，就像古老歌謠裡唱的那樣，馬兒馳騁在馬鞭聲中，獵犬奔向前方，獵人呼喚著獵犬，在歡呼吶喊聲出發了。

將近中午的時候，我們開始為戶外烤肉做準備。地上一個深深的地洞裡已經燃起了篝火，地洞頂端架著交叉放置的大棍子，上面掛著叉在烤肉叉上轉動的肉。隨行的僕從們正蹲在篝火周圍，不停地用長長的樹枝驅趕蒼蠅。餐具還沒擺置好，香噴噴的味道就已讓我垂涎欲滴了。

正當我們熱熱鬧鬧地準備野餐時，獵人們三三兩兩地回來了。他們個個大汗淋漓，顯得疲憊不堪，獵犬也都筋疲力盡地喘著粗氣。獵人們什麼獵物也沒有抓到，不過，所有人都聲稱看見了一頭鹿，但是無論獵犬如何窮追不捨，獵人的槍口瞄得多準，扣動扳機的那一剎那，那頭鹿就會倏地消失不見。就像童話故事裡，運氣很好的小男孩說他發現了一隻兔子，但他發現的其實只是兔子的蹤跡。但沒過多久，獵人們就將失望的情緒拋到腦後，與眾人一起坐下來，享用美味的小牛肉和烤豬肉。

有一年夏天在別墅度假時，我得到了一匹屬於自己的小馬。我替牠取名為「黑美人」，那是我剛讀完的一本書的書名。這匹馬長得和牠的名字非常像，牠有著光滑柔順的黑色皮毛，額頭上還有一片星形的白毛。我在牠的背上度過了許多幸福時光。偶爾，在安全的時候，老師會鬆開韁繩，讓小馬悠閒地在林中漫步。牠高興的時候會停下來，在小路

旁吃草，或者啃啃小樹上的葉子。

每當早上我不想騎馬的時候，我就會和老師在樹林中散步，讓自己完全隱身在濃密的樹叢和藤蔓之中。除了被乳牛和馬兒踩踏出的小徑之外，我們沒有別的路徑可走。當我們碰到無法穿越的灌木叢時，便只能繞道而行。回到別墅時，我們總是抱著一大捧的月桂、黃菊花、羊齒植物和只有在南方生長的沼澤花朵。

有時，我會和蜜德莉以及我的堂表弟妹們去採柿子。我不吃柿子，但喜歡它的香味，也喜歡在樹葉間和草地上尋找它們。我們還會去採堅果，我會幫他們剝開栗子的刺殼，敲開胡桃和山核桃的硬殼，核桃肉又香又美味。

山腳下有條鐵路，孩子們經常看火車呼嘯而過。有時，一陣震耳欲聾的汽笛聲把我們引到臺階上，蜜德莉會緊張又興奮地告訴我，有一頭乳牛或者是一匹馬闖到了鐵軌上。

距離鐵路約一英里處，有一座橫跨峽谷的高架橋。要過這座橋十分困難，因為橋面非常狹窄，橋上的橫木間距卻很大，走在上面就好像行走在刀刃上。我從來沒有在這座橋上走過，直到有一天蘇利文老師、蜜德莉和我在樹林裡迷失了方向，我們徘徊了好幾個小時都沒有找到回家的路。

突然，蜜德莉指著前面大聲喊道：「高架橋在那裡！」但是我們寧願走任何一條路也不願意過這座橋。可是，天就要黑了，而高架橋是回家最近的一條路。於是，我不得不用腳尖探索橫木，摸索著前進，但是我並不害怕，走得還算順利。突然，遠處隱隱約約傳來一陣「噗、噗」的聲音。

「我看見火車了！」蜜德莉大聲叫道。如果不是我們爬到高架橋下方的橫梁上，火車就會在瞬間撞向我們。我的臉感受到了火車頭噴出的熱氣，煙霧和煤灰幾乎令我窒息。

火車轟轟駛過，高架橋被震得搖搖晃晃，我甚至覺得，我們可能會掉進腳下的深谷裡。最後，費了九牛二虎之力，我們才艱難地回到鐵軌上。

等我們終於平安回到家，時間已經很晚，天色早已漆黑一片。但我們發現別墅裡居然一個人也沒有，原來，所有人都出去找我們了。

在我的第一次波士頓旅程之後，幾乎每一年的冬天，我們都是在北方度過。我曾經去過一個位在新英格蘭的村莊，那裡有冰封的湖面和鋪滿積雪的田野。那是我第一次真正置身於冰雪的世界，切身體會到與冰雪交融的感受。

我驚奇地發現，大自然神祕的手剝去了樹木和灌木叢的外衣，徒留枝杈上零星的幾片枯葉。鳥兒們飛遠了，樹枝上空蕩蕩的鳥巢裡堆滿積雪。寒冬襲向山間和田野，大地似乎也被凍得麻木，樹木的生命縮藏在根部，在黑暗之中沉沉入睡。世上所有的生命似乎都躲起來了。即使有太陽照耀，白天也是短暫而寒冷。

有一天，一陣冷空氣襲來，預示著一場暴風雪的來臨。沒多久，天空開始飄落幾片雪花，我們跑到屋外去欣賞那美麗的景色。雪花悄無聲息地飄落，在數個小時後，片片雪花逐漸填平整個世界。早晨醒來，人們已經無法辨認眼前的一切了。所有的道路都被白雪覆蓋，只有光禿禿的樹林矗立在雪地裡。

傍晚時分，突然颳起一陣東北風，雪花在狂風中飛揚。我們坐在溫暖的爐火邊，開心地講故事、玩遊戲，完全忘記屋外的嚴寒和風雪。夜幕低垂，風雪變得愈來愈狂暴，讓我們驚恐萬分。房椽嘎吱作響，屋外的樹枝不停地敲打窗戶，發出「喀嚓喀嚓」的聲音。

暴風雪侵襲了三天才終於停下來。陽光穿透雲層，照耀在純白的原野之上，周圍盡是積雪堆成的奇形怪狀的雪丘。

人們在雪地裡鏟出一條條狹窄的小路。我穿上斗篷、戴好帽子走到屋外，外面冰冷刺骨的寒氣刺痛了我的臉頰。我和蘇利文老師走在小路上，穿過積雪堆，來到牧場旁邊的松樹林。松樹靜靜地佇立在雪地中，身著白色外衣，看起來就像一座大理石雕像。陽光照在樹上，細枝上的積雪像鑽石一般，閃閃發光。當我們輕輕觸碰它時，積雪便如同落雨般紛紛落下。天地間籠罩著一片蒼茫的白，反射的銀光是那麼的耀眼，像是要穿透我眼前的黑暗。

積雪隨著時間慢慢消逝，但在積雪完全消失前，又會有另一場暴風雪來襲。因此整個冬天，我的腳似乎都踩在深淺不一的雪堆裡，沒有一天能確實地踏在地面上。偶爾，樹木上冰冷的鎧甲會悄悄消融，但很快又會披上相同的武裝；蘆葦和灌木叢赤裸枯黃，陽光下的湖面也變得冰冷堅硬。

冬日裡，滑雪橇是我們最喜歡的遊戲。湖岸的斜坡會一直延伸到冰封的湖面上，我們總是坐著雪橇沿著斜坡滑下。在坐上雪橇後，會有一個男孩子從後方推我們一把，讓我們順著陡坡滑下。滑過雪堆、躍過小坑、衝過湖心，最後我們會穿過閃閃發亮的冰面，直達對岸。這真是太有趣、太刺激了！在那狂野的瞬間，我們掙脫了所有的束縛，讓心靈盡情展翅翱翔。

【小知識】

① 「邦克山紀念碑」是為紀念美國獨立戰爭期間，英軍與北美殖民地民兵間的一場軍事衝突。但實際上，邦克山戰役中的大部分戰鬥實際發生位置並不在邦克山，而是位於一座名為Breed's Hill（部分中文翻譯為「品種山」）的山，所以那裡才是「邦克山紀念碑」的實際所在地。

② 「清教徒移民先驅」為早期英國因遭受迫害而遷往北美普利茅斯殖民地的部分清教徒移民。

正式英文名詞為「Pilgrims」。

註：一般清教徒的英文正式名稱為「Puritans」，泛指英國教會的改革派新教徒。

③鱟為地球上最古老的生物之一，其祖先在地質歷史時期古生代的泥盆紀就已出現，且因其歷經了四億多年卻仍保留著原始而古老的樣貌，而被譽為「活化石」。目前，地球上的鱟分為：美洲鱟、中華鱟、南方鱟及圓尾鱟四種。

光芒

第五章 初試啼聲

一八九〇年春天，我開始學習說話。一直以來，我都有種想要發出聲音的強烈衝動。我經常會一邊用嘴發出各種聲音，然後一邊把一隻手放在喉嚨上，另一隻手則觸摸嘴唇的動作。任何會發出聲音的東西都讓我感到好奇。我喜歡感覺貓打呼嚕的「咕嚕咕嚕」聲，還有小狗肆意歡快的吠叫聲。我也喜歡把自己的手放在正在唱歌的人的喉嚨上，或者放在正在彈奏的鋼琴上，感受聲音的震動。

在喪失視力與聽力之前，我很快就學會了說話，但是受到那場大病侵襲後，我就再也無法說話，因為我聽不見了。我一天到晚窩在媽媽的懷裡，把手放在她的臉上，感覺她說話時嘴脣的動作，我覺得那是一件非常有趣的事。我也曾嘗試自己蠕動嘴脣，雖然我已經忘了如何說話。

我的朋友們說我哭和笑的聲音都很自然，有一段時間，我還發出過許多聲音和模糊的詞語。但那並不是我要與人交談，而是因為我想鍛鍊我的發聲部位。

我早就知道，周圍的人和我用不一樣的方式在溝通。在我知道聾者也能學會說話之前，我就已經開始對自己與他人的溝通方式感到不滿了。單純依靠手語溝通會給人一種束縛的感覺，而這種感覺讓我十分焦躁不安，也使我意識到：我應該儘量彌補自己的缺陷。

我的思緒經常像逆風飛翔的鳥兒一樣，努力振翅卻被擊倒。我堅持要用嘴唇發音，但朋友們都勸我放棄這種努力，他們擔心我會因為結果不如預期而感到沮喪。不過我絲毫不氣餒，後來我偶然得知朗西爾德．卡塔的故事，更增添了我的信心。

一八九〇年，蘿拉．布里奇曼的老師，拉姆森夫人來看我。她告訴我：「在挪威，有一位叫做朗西爾德．卡塔的聾盲女孩，她學會如何說話了！」

這個消息讓我激動不已，我迫切地希望

自己也能學會說話。蘇利文老師帶我去見賀瑞斯．曼學校的校長莎拉．富勒小姐，尋求她的建議和幫助。這位和藹可親的校長願意親自教導我，於是，我們在一八九〇年三月二十六日開始了說話訓練課程。

富勒小姐的教授方法是：把我的手放在她的臉上，讓我感覺她發音時舌頭和嘴唇的位置。我急切模仿她的每一個動作，僅僅一個小時，我就學會了「M」、「P」、「A」、「S」、「T」和「I」這六個字母的讀音。

富勒小姐一共為我上了十一節課。我永遠不會忘記當我說出第一個句子：「天氣很暖和」時，所感受到的興奮和喜悅。雖然我說起來有些斷斷續續和結巴，但這畢竟是人類的語言啊！我意識到自己有了一股新的力量，讓我能夠掙脫束縛，用這些破碎的語言符號獲得所有的知識和信念。

任何一名聽障孩童都不會忘記說出生平第一個字時，所體會到的激動和喜悅。在禁錮的沉寂牢籠中，沒有柔軟的輕聲細語、沒有鳥兒歌唱，也沒有音樂的旋律。只有他們才能體會到我想和玩具、樹木、小鳥和動物說話的渴望，體會到我呼喚蜜德莉時她跑到我身邊，以及我的小狗聽從我的命令時，我所感受到的快樂。

能說出這種長著翅膀的文字，對我而言是無法形容的恩惠。幸福洋溢的思想從我的脣齒間流露，而非空泛地在我的指間掙扎。

但是，千萬別以為僅憑這短暫的一段時間，就能夠讓我真的學會說話了。我只是學習了說話的基本要領。富勒小姐和蘇利文老師可以聽得懂我說的話，但是其他人可能只聽得懂少數幾個字。因此，我需要經過勤奮的努力，才能清楚地發出每一個音節，並把所有的音節以千百種方式組合成各種字詞。我日以繼夜、不斷地反覆練習，才能讓我最親近的朋友們聽懂我的意思。除此之外，我也十分需要蘇利文老師的幫助，直到現在，她還是會每天糾正我錯誤的發音。

只有教導聾啞孩童的老師才能明白這意味著什麼，也只有他們才會了解，我需要克服的是怎樣的困境。我得完全依靠我的手指去感覺蘇利文老師的嘴脣：我用觸覺來捕捉老師喉間的震動、嘴脣的動作和臉上的表情，而這往往是不準確的。遇到這種情形，我就會不斷地重複那些詞語和句子，常常一練就是幾個小時，直到我感覺自己發音正確為止。

我的作業就是練習、練習、再練習。疲勞和委屈常常使我灰心喪氣，但是只要想到，我很快就可以為我摯愛的人們呈現我的練習成果，就又有了繼續努力的勇氣。我熱切地盼望，有朝一日他們會為我的成就展露笑容。

「妹妹馬上就能聽懂我說的話了。」這個堅定的信念鼓舞著我，讓我能戰勝一切困難。我曾欣喜若狂地反覆說道：「我不是個啞巴了！」我期待能和媽媽談話，希望能理解她用嘴脣作出的回應，因此我不能喪失信心。

我驚訝地發現，說話比用手指拼寫還要簡單，所以，我放棄用手語作為我與人溝通的工具。但是和蘇利文老師及一些朋友交談時，我還是會使用手語，因為這比脣讀還要方便且快速得多。

也許該解釋一下聾盲人士所使用的手語字母了，因為手語似乎讓那些不了解我們的人感到困惑。人們為我讀書或與我溝通時，用的會是一般聾人都在使用的單手拼寫，這指的就是用一隻手在我的手上拼出單詞和字句。我會把手放在說話人的手上，在不妨礙他的情況下感受他手指的動作。與一般人在閱讀時不會單獨地去看一個字母一樣，我也不會去感知每一個字母。由於不斷的實踐，我的老師和一些朋友拼寫得非常快，速度就和專業的打字員打字的速度差不多。當然，手指拼寫因此不再只是一個有意識的動作行為，它成了一種寫作方式。

學會說話以後，我迫不及待地想要回家。幸福的時刻就要來臨了！我在回家的路上，一刻也不停歇地和蘇利文老師說著話。其實，我不是因為想說話而說話，我是決心改善我的發音，直到最後一刻都要把握機會練習。

當火車停在塔斯昆比亞車站時，全家人都站在月臺上迎接我們。我的眼眶裡盈滿淚水，母親把我緊緊抱在懷裡，聽我說著每一個音節、每一個字。我的小妹抓住我的手又親又跳。父親則用他的沉默，表現出對我的自豪和慈愛。

直到現在，每當我回憶起此刻，仍會忍不住熱淚盈眶。

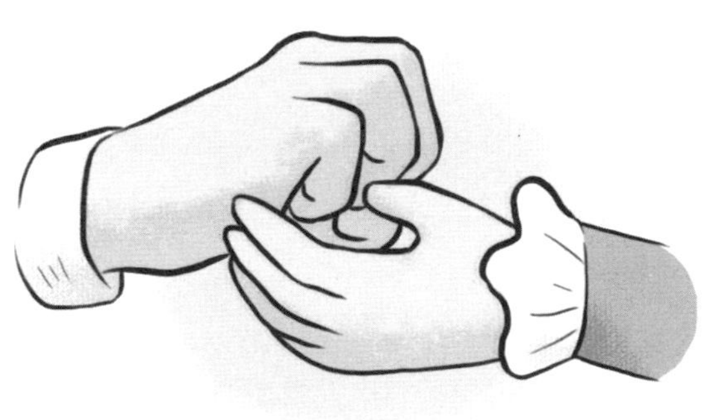

第六章〈冰霜王〉危機

一八九二年的冬天，一抹烏雲籠罩了我童年的天空。在很長的一段時間裡，我都生活在焦慮、疑惑和恐懼之中，連書籍也失去了它們往常的魅力。即使到了今天，那些可怕的日子還是讓我不寒而慄。一切都源於我寫的一篇叫作〈冰霜王〉（“The Frost King”）的小故事。

我將這篇故事寄給了帕金斯學院的阿納諾斯先生，沒想到卻惹禍上身。為了將此事澄清，我必須說清楚事情的來龍去脈，為自己和蘇利文老師討回公道。

我是在學會說話後的那個秋天，在家寫下這個故事的。以前，在避暑別墅的時候，蘇利文老師向我描述了秋葉的美麗，這重新喚起了我對一個故事的印象，我先前絕對讀過，並且在無意間記下了這個故事。當時，我以為自己是在「創作一個故事」。於是，我急切地坐到書桌前，想在這些想法溜走以前把它寫下來。

我行雲流水般將故事一一寫在盲文書寫板上，詞語和句子輕鬆地流淌於我的指尖。現在，如果詞句能流暢地出現在我的腦海裡，那我敢肯定，它們絕對不是我想出來的，而是從他人的作品身上模仿而來的。但在那個時候，我急切地汲取任何讀到的東西，根本沒有想到著作人的問題。即使到現在，我仍然無法準確地分辨，哪些是我自己的想法，哪些又是我在書中讀到的想法。我想，這也許是因為我對事物的印象，通常都是透過他人的眼睛和耳朵獲得的。

故事完成後，我將它讀給老師聽。我還記得自己讀到滿意的段落時，那種愉快的心情，以及為了改正發音，而被老師打斷時的不快。晚餐的時候，我還把故事讀給家人聽，他們非常訝異我竟然能將故事寫得這麼好。

有人問我：「這個故事是不是從哪本

書裡看到的？」

我根本不記得有人為我讀過這個故事，於是我大聲地回應：「這是我寫的故事，我為阿納諾斯先生寫的。」

然後，我將故事抄寫好，還按照大家的建議，把故事的名字從〈秋葉〉（"Autumn Leaves"）改為〈冰霜王〉，寄給阿納諾斯先生，作為他的生日禮物。我自己把這個小故事拿到郵局寄出，心裡非常開心得意。可是，我怎麼也沒有想到，這個生日禮物會讓我付出如此慘痛的代價。

阿納諾斯先生非常喜歡我寫的故事，他還把它刊登在帕金斯學院的一份刊物上。然而我剛到波士頓不久，就有人發現一篇和〈冰霜王〉類似的故事，那是瑪格麗特．坎貝小姐撰寫的〈冰霜仙子〉，故事出自一本名為《伯迪和他的朋友們》的書，而這本書在我出生之前就出版了。這兩篇故事在觀點和用詞上非常相似，讓人很難不去懷疑我曾經讀過她的書，而這也代表了：我的故事是抄襲的。

起初，我並不理解問題的嚴重性，但當我了解以後，我既震驚又難過，甚至陷入深深的痛苦之中。我努力回憶在寫〈冰霜王〉之前，所有讀過的、有關冰霜的文章或書籍，但是除了常見的〈冰霜傑克〉（"Jack Frost"）跟一首童詩以外，我什麼都記不起來了。

阿納諾斯先生雖然備受困擾，但似乎還是相信我的。他對我非常親切和善，一度讓我心裡的陰霾消失無蹤。為了讓他安心，我也儘量掩飾自己難過的心情。

而在我得知這一個令人傷心的消息後不久，華盛頓誕辰紀念日的慶典活動開始了。我和同學們有一場假面戲劇的演出，我扮演的是穀物女神刻瑞斯。我還記得，那天我的衣著是多麼典雅，我戴上由明亮的秋葉交織而成的頭冠，手裡擁著的和腳下環繞著的盡是水果和穀物。但在我虔誠的面具底下，內心深處卻充滿了憂傷。

就在慶典活動的前一天晚上，帕金斯學院的一位女老師問了我有關〈冰霜王〉的問題。我的回答使她認為我承認記得坎貝小姐的故事，雖然我反覆地跟她說她誤解了，但她還是把自己的結論告訴了阿納諾斯先生。

一向十分照顧我的阿納諾斯先生聽信了那位老師的話，認為自己受到欺騙。對於我的無辜申辯，他一概充耳不聞。他相信、至少是在懷疑，蘇利文老師和我故意竊取他人的作品，以博得他的稱讚。

緊接著，我被帶到由學院的行政人員和老師組成的調查庭上，他們讓蘇利文老師回避，對我進行了質詢。調查團似乎決心要讓我承認自己記得有人為我讀過〈冰霜仙子〉。我能感受到他們的懷疑，也感覺到阿納諾斯先生正以責備的眼神看著我。我想把這些感受用語言表達出來，可是我除了一些單音節的詞彙以外，其他什麼也說不出來。

當他們終於允許我離開那個房間的時候，我仍然感到頭昏腦脹，完全沒有注意到老師親切的擁抱和朋友們安慰的話語。

那天晚上，我躺在床上哭得很傷心，我覺得好冷，甚至認為自己應該會在隔天早晨死去，而這個想法竟讓我感到安慰不少。我想，如果我在更年長的時候遭遇這種悲傷，或許會被刻下難以恢復的傷痕。幸好在這段悲傷的日子中，我所經歷的苦楚，大部分都被遺忘天使裝袋取走了。

蘇利文老師從來沒有聽說過〈冰霜仙子〉和收錄這個故事的那本書。在貝爾博士的幫助下，她仔細地調查了這整件事，終於發現，在一八八八年的時候，霍普金斯夫人有過一本坎貝小姐的《伯迪和他的朋友們》。那一年，我們在霍普金斯夫人位於布魯斯特的家中度過了整個夏天。現在，霍普金斯夫人已經找不到那本書了，但是她告訴我，當年蘇利文老師短暫離開去別地度假的時候，她為我讀過各種圖書來打發時間，儘管她不記得是否讀了〈冰霜仙子〉，但她很肯定讀過的幾本書裡包括《伯迪和他的朋友們》。她還向我們解釋，在她把布魯斯特那棟房子賣出去以前，曾經清理掉許多兒童讀物，像是小學課本、童話故事等等。《伯迪和他的朋友們》也許就是在那時也一起被清理掉了。

儘管閱讀這個故事的情況我已經記不起來了，但是我也想起自己曾經很努力地記住裡面的幾個字詞，希望老師回來後為我解釋它們的意義。不過有一件事是可以肯定的，那就是書中的語言已經深刻地烙印在我的腦子裡，雖然有很長的一段時間，我都沒有意識到這點。

不過後來，當蘇利文老師回來時，我並沒有和她談論到〈冰霜仙子〉這篇故事，也許是因為她在回來後便開始為我閱讀《小公子》，使我的頭腦裡沒有多餘的空間來思考其他的事。

在那段艱難的日子裡，我收到了許多關愛和同情，這撫慰了我傷痛的心。坎貝小姐更親自寫信給我，說：「總有一天，你能寫出一篇屬於自己的偉大故事，它會帶給很多人安慰和快樂。」

然而，這個美好的預言並未實現，因為自從事件發生以後，我就再也不敢玩文字遊戲了。我總是提心吊膽，害怕我筆下的東西不是自己想出來的。甚至有很長一段時間，我連寫信的時候，即使只是寫信給母親，突如其來的恐懼也會襲上心頭，以至於我總是一遍又一遍地重複拼寫每一個句子，以確信自己以前沒有讀過它們。如果不是蘇利文老師堅持不懈地鼓勵我，也許從此以後我就不會再書寫文章了。

後來，我讀了〈冰霜仙子〉，也讀了自己以前寫的一些信，結果發現我所用的詞句和觀點，與那篇故事的確有許多雷同之處。在其中一封寫給阿納諾斯先生的信中，我發現和那篇故事裡一樣的話語和情感。顯然，我在寫〈冰霜王〉和這封信的時候，坎貝小姐的故事已經充斥在我的腦海之中。

把我自己喜歡的句子咀嚼消化，再用自己的想法另外書寫出來，這樣的情況在我早年的信件和作品中時常出現。例如，在一篇描寫希臘及義大利古城的文章中，我套用了一些生動且變化多端的描述，但句子的出處皆已不可考。我知道阿納諾斯先生非常鍾愛古蹟，義大利跟希臘遺跡更是他的最愛，所以我在閱讀時，便會自詩集與史書中，悉心將那些能取悅他的片段擷取、摘錄下來。阿納諾斯先生也曾稱讚我這些描述古城的文章：「想法頗具詩意。」

那些早期的閱讀和寫作不過是智力訓練的課程。和所有對學習缺乏經驗的年輕人一樣，我透過吸收和模仿，學會用文字表達自己的思想和情感。我把在書中引起我興趣的東西都有意無意地保留在自己的腦海中，並為自己所用。正如作家史蒂文森所言：青年作家一般都會本能地模仿那些最令他崇敬的思想，然後將這些敬佩轉化為出人意表且千變萬化的文字。即使是偉大的作家，也要經過多年的實踐，才學會統率這些湧入腦海裡每一條思維小徑的文字大軍。

也許直至今日，我依然沒有走完這一個過程。我還是常常分不清我寫作的內容有哪些是我自己的思想，哪些是我從書裡讀來的，因為我所讀到的內容，似乎都成了我本身不可分割的一部分。結果，幾乎我所有的創作，都像我初次學習縫紉時，用破碎布片胡亂拼湊而成的拼布。這些拼布用了各式各樣的布片交織而成，雖然有鮮豔的綢緞和天鵝絨，然而占據最廣且最顯眼的仍是那些粗糙的布料。同樣的，我的作品也是由我的一些不成熟的思想組成，但當中也鑲嵌著他人成熟的思想和觀點，而這些都是我從書裡習得的。

史蒂文森說：「除非天生具有創意，否則便無法成為創造者。」儘管我可能並不具備創造力，但我仍希望，有朝一日，我不再書寫出僵化、模仿形式的文章。到那時，我的思想和人生經歷會使我與眾不同。我堅持不懈地努力，儘量不讓〈冰霜王〉的苦澀記憶成為我學習道路上的障礙。

對我而言，這個傷痛的經歷未必不是一件好事，它使我開始考慮寫作上的一些問題。而唯一令我感到遺憾的是，我失去了一個親愛的朋友阿納諾斯先生。

在我的文章刊登以後，阿納諾斯先生在一封給梅希先生的信中裡寫到，他相信我在〈冰霜王〉事件中是無辜的。他說，調查團一共由八人組成：四位盲人、四位非盲人。

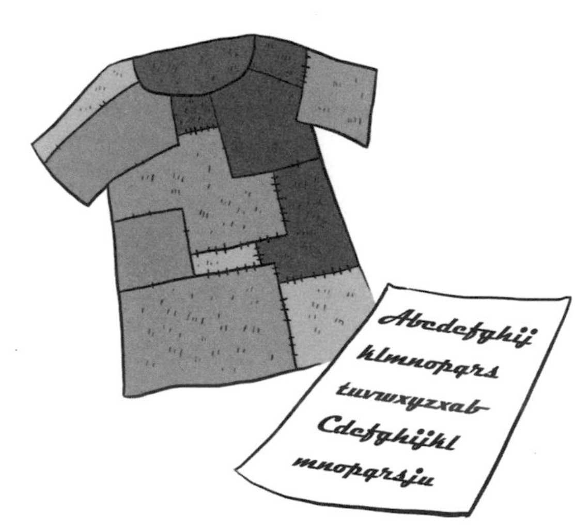

八個人中有四人認為我知道我讀過坎貝小姐的故事，其餘幾人則持反對觀點。阿納諾斯先生表示，他投票時是站在相信我的這一方。

　　但是無論實際情況如何，無論他投票時支持哪一方，當我走進那個房問時，我忘記了自己曾在此被阿納諾斯先生抱在膝上，與他一同玩耍，也忘了他曾給過的關愛，我只感受到房間裡的人對我的懷疑與敵意，那讓我有種不祥的預感。而後來發生的事也證實我的預感並不假。

　　事件發生後的前兩年，我能感覺到阿納諾斯先生相信我和蘇利文老師是清白的。但是後來，他顯然因為某種我不清楚的原因收回了對我們的信任。我不知道調查的種種細節，甚至不知道如何稱呼調查庭上那些不曾與我交談過的成員，因為當時的我太激動了，以至於什麼也沒注意到，我甚至害怕到連問題也問不出口。事實上，我幾乎連自己說了什麼，或是其他人對我說了什麼，都想不起來。

　　之所以把〈冰霜王〉事件詳細地敘述出來，是因為這件事在我的學習和生活中都很重要。為了不讓大家產生任何誤解，因此我把所有事情一一呈現，但我這麼做並沒有要為自己辯解或是指責任何人的意思。

　　〈冰霜王〉事件後的那年夏天和冬天，我是與家人一起在阿拉巴馬度過的。回到家鄉讓我感到非常快樂，因此〈冰霜王〉事件完全被我拋到腦後了。

地面撒滿秋季深紅色和金黃色的落葉，在花園盡頭的涼亭上，甜美的葡萄在陽光的照射下轉為金紅色。我開始記錄我的生活片段，而這，已經是我寫〈冰霜王〉一年以後了。

我對自己書寫的文字仍然十分謹慎，常常擔心那些可能不完全屬於自己的思想，心裡備受煎熬。除了蘇利文老師，沒有人能理解我的這種恐懼。

蘇利文老師想盡一切方法安慰我、鼓勵我。為了幫助我恢復自信，她說服我為《青年之友》寫一篇簡短的個人生活故事。那時候我十二歲，現在回想起

來，我當時似乎已預期自己會從這次經驗得到收穫，否則我肯定無法順利完成。我膽怯又害怕，但老師十分堅決，她知道，如果我繼續堅持寫作，便會再次找到我心靈上的立足點、找回那些我所擁有的才能。

慢慢地，我從那次經歷的陰影中走出，經過磨練，我的思緒比以前更加清晰，對生活也有了更深刻的認識和瞭解。

一八九三年，發生在我生活中的幾件大事是：克里夫蘭總統的就職典禮期間，我去華盛頓旅行，並參觀了尼加拉大瀑布和世界博覽會。

我們是在三月去尼加拉的。當我站在瀑布旁的岩石上，感覺空氣的流動和大地的震顫時，內心的激動無以言喻。

在許多人看來，這似乎是一件奇怪的事情，我居然會被尼加拉大瀑布的宏偉壯麗所打動。他們總是問：「你既看不見拍打到岸上的浪花，也聽不見波濤的咆哮。這些對你來說究竟有什麼意義？」其實，它們對我而言意義非常重大。我無法說明它們對我而言，究竟意味著什麼，就好像我無法理解或定義「愛情」、「宗教」和「善良」一樣。

一八九三年的夏天，我和蘇利文老師還有貝爾博士一起參觀了世界博覽會。數以千計的幼稚幻想全都化為美好的現實，時至今日，我仍能回想起那段純粹快樂的時光。

每一天，我都在想像中展開環遊世界的旅行，我看到許多奇妙的事物—偉大的發明、工業技術下的新興產品等等，所有人類的生活軌跡都在我的指尖下滑過。我最喜歡的地方是博覽會裡的「大道樂園」（Midway Plaisance）。那裡就像是天方夜譚裡的奇幻世界，充滿各式各樣、新奇有趣的東西。我能在這裡感受到書中描繪的場景：富有印度神祕風情的市集和神像；有清真寺、駱駝商隊和金字塔的國度；還有蜿蜒曲折的威尼斯水道。每天晚上，在城市和噴泉燈光照射下，我們都會到湖上泛舟。我還登上了一艘海盜船，饒有興致地感受水手們如何以無畏的心，揚帆起航、對抗海上的風暴。

世界博覽會的主席希金伯特姆先生特別照顧我，他允許我觸摸這些展品，讓我用手指領略了博覽會所有的精華。這裡就像是有形的萬花筒，而這個純白的西方世界裡的一切都讓我著迷。尤其是法國的青銅雕像，它們栩栩如生，就像藝術家抓住這些天使，用世俗的手段將其束縛。

在好望角展覽上，我瞭解了鑽石開採的過程，甚至還摸到了一塊正在清洗的鑽石，他們告訴我那是在美國發現的唯一一顆真正的鑽石。

貝爾博士陪著我們一起參觀展覽，他用他獨特、充滿趣味的方式向我們描述了那些有趣的展品。在電器館，我們參觀了電話、對講機、留聲機和其他的發明。貝爾博士讓我明白，超越時間和空間，用電線傳送資訊的發明，就像普羅米修斯為人類盜取火種一樣偉大。

我們還參觀了人類學館，我對古代墨西哥的文物和來自埃及的木乃伊非常感興趣。從這些文物中，我學到了更多有關人類發展的種種知識，這比我以前聽到或者讀到的都還要多。

這一些經歷增加了我的詞彙量，在博覽會上度過的三個星期，使我從一個沉浸在童話故事和玩具中的小孩，蛻變成一位懂得留心真實生活世界的人。

在一八九三年十月以前，我已經陸續自學了許多科目。我讀了希臘、羅馬和美國的歷史；我透過一本凸印書籍學習一些法語，且用學到的新詞彙做練習，以此自娛自樂，不去理會語法規則和其他技術上的問題。我甚至試圖在沒有任何幫助的情況下掌握法語的發音。當然，這對我來說實在太過困難，有如蚍蜉撼樹。但這讓我在雨天時不至於無所事事，而且我也確實學會了一些法語知識，使我能夠興致盎然地閱讀拉封丹的《寓言》、莫里哀的《不情願的醫生》和拉辛的《阿塔麗》文章段落。

我還花了很多時間在提升說話的能力上。我為蘇利文老師朗讀了我喜歡的詩人的作品，她糾正我的發音，藉此幫助我學習如何斷句和轉換語調。直到一八九三年十月，我才從參觀世界博覽會的興奮和疲勞中恢復，開始在固定的時間學習特定的課程。

那時，我和蘇利文老師在賓西法尼亞霍爾頓城的威廉·韋德先生的家裡做客。他們的鄰居埃恩斯先生是一位出色的拉丁語學者，於是，我向他請教了拉丁語。

他是一位閱歷深厚、和藹可親的人，他主要是教我拉丁語的語法，但偶爾也會教我數學。

埃恩斯先生和我一起讀了丁尼生的《悼念》。我以前也讀過很多書，但從來沒有從評論的角度來閱讀。這是我第一次學會瞭解一位作家、識別他的文風，就像和一個好朋友握手一樣，讓人感覺既親切又溫和。

起初，我不太願意學習拉丁語語法，因為必須花很多時間分析名詞的屬性、所有格、單複數、陰陽性等等，一切都太過繁瑣。我覺得這就像透過專業的知識來瞭解我的寵物一樣—目：脊椎動物；部：四足動物；綱：哺乳動物；屬：貓科；種：貓；個體：灰色帶有斑紋的家貓。但是，當我學習得愈深入，我對拉丁文就愈感興趣。我常常自得其樂地閱讀拉丁文的片段，挑出我學過的字，設法體會其中的含義。直到現在，我仍舊維持著這種嗜好。

我想，沒有什麼會比用一種剛學會的語言，去呈現稍縱即逝的影像和情感，還要來得更美妙了！這種感覺就像我把在腦海翻騰的靈感，用變化多端的想法塑型、上色般令人愉快。上課的時候，蘇利文老師會坐在我身邊，為我拼寫埃恩斯先生所說的一切，並且幫我查找生詞。當我再次回到阿拉巴馬州的家時，我已經可以開始讀凱撒的《高盧戰記》（註①）了。

一八九四年夏天，我參加了肖托克美國聾人說話教育促進會舉行的會議。在那裡，我被安排到紐約市的賴特—赫馬森聾人學校學習。一八九四年十月，在蘇利文老師的陪伴下，我去了這所專門培養說話和進行唇讀訓練的學校。除了這些課程之外，在學校的兩年時間裡，我還學習了算術、自然地理、法語和德語。

我的德語老師是雷米小姐，她會拼寫手語字母，在我掌握了少量的詞彙以後，我們只要有機會就會用德語交流。幾個月後，我幾乎能夠明白她說的一切了。我覺得我在德語課上的進步最大，相較之下，法語學習對我來說就困難得多。

我在唇讀和說話方面的進步並沒有我和老師們期望的那樣大。我的目標是和正常人一樣說話，老師們也相信我能夠做到，但是儘管我們非常努力地嘗試了，卻還是沒有達成目標。也許是我把目標定得過高，因此失望才會難以避免。

我依舊覺得算術是一門艱難的學科，我常常在猜想的危險邊緣徘徊，武斷地妄下結論，躲避理性的判斷，這給我自己和別人都帶來了極大的麻煩，再加上感官上的缺陷，更加深了我在學習算術上的困難。

儘管這些難題使我當時的情緒極為沮喪，但是我對其他學科的興趣依舊未減，特別是自然地理。瞭解大自然的奧祕是一件快樂的事，就像從《舊約全書》中瞭解風是如何從天空的四方呼嘯而來、水蒸氣怎麼從天涯海角升起、河流如何穿過岩石、山峰怎樣被大地顛覆，還有人類用何種方式征服比自己更強大的力量。

在紐約的這兩年是一段令人難忘的時光。我們每天都到中央公園散步，這個巨大的公園每次都會為我帶來新鮮的感受和樂趣，我喜歡聽別人為我描述它，它的一切是那麼地美好，讓我的心靈深深被它吸引。

春天，我們去了各地旅遊。我們乘船在哈德遜河面上航行、在碧綠的河岸上散步、參觀西點軍校和作家華盛頓．歐文的故居，還曾經步行穿越「睡谷」。現在回想起來，我還是會有一種發自內心的愉悅。

在我離開紐約之前，這些光明、無憂無慮的日子突然被蒙上一層陰影，我陷入出生以來、除了我的父親逝世之外，最大的悲傷之中。

波士頓的約翰．Ｐ．斯博爾丁先生（註②）於一八九六年二月去世了。只有那些認識他和敬愛他的人，才會明白他和我之間的友誼對我來說意味著什麼。

他總以不顯眼的方式幫助大眾，對蘇利文老師和我更是如此。只要一想到他對我們的慈愛，和對我們學習遇到重重困難時所給予的關懷，我們便有勇氣繼續往前邁進。他的離世讓我們的生活留下一處永遠無法被填滿的空缺。

【註】

①《高盧戰記》（"Commentarii de Bello Gallico"）是羅馬共和國的最高選舉官員「執政官─凱薩」征戰高盧（今西歐地區）的詳實經過，記錄了戰事、大型祭典、巡迴裁判等行省大事，是近現代史家研究過去該地區的重要第一手歷史文獻。全書以拉丁文著成，分為八卷，前七卷由凱薩親筆以第三人稱敘述，目的在於提高凱薩的自身政治威望；第八卷則由凱薩的副將奧盧斯·伊爾久斯在凱薩被刺身亡後，補充完成。

②約翰·P·斯博爾丁先生是海倫·凱勒的老師兼朋友。海倫·凱勒曾於一八九二年五月十一日寫信給他，詢問是否能借用他的家舉辦茶會。

第七章　攀登求學高牆

一八九六年十月，我進入劍橋青年女子學校上學，為日後前往拉德克利夫學院學習（註①）做準備。

當我還是一個小女孩的時候，我就對大家說過：「將來我也要上大學，我要上哈佛！」

從那時起，上大學的願望便在我的心裡扎根。我不顧許多真誠又聰明的朋友們的反對，一心想和視力、聽力正常的女孩競爭學位。當我離開紐約時，這個願望已經成為了我堅定的目標。為了上哈佛，我決定到劍橋去，這是實現我童年夢想的快速捷徑。

學校的老師沒有教殘疾學生的經驗，所以我們唯一的交談方式就是脣讀。蘇利文老師和我一起上課，以便為我解釋老師課堂上教授的內容。

第一年學習的科目是英國歷史、英國文學、德語、拉丁語、算術、拉丁語作文等等。在那之前，我沒有為上大學做過任何準備，因此我的學習進度嚴重落後。蘇利文老師不可能拼寫出書裡的所有內容，而且要把教材及時打成盲文更是極其困難的事。有一段時間，我甚至不得不用盲文抄寫拉丁文的教材，讓自己能夠和別的女孩們一起朗誦。我不能在課堂裡抄筆記、做練習題，但我會用打字機在家裡書寫所有的作文和翻譯練習。

蘇利文老師每天都和我一起去上課，並耐心地把老師所教的一切拼寫在我的手心裡。自習的時候，她為我查生詞，為我一遍又一遍地拼寫筆記和沒有譯成盲文的書籍。這是一項繁重又枯燥的工作。

我的德語老師格羅特小姐和校長基爾曼先生，是學校裡少數會用手語替我上課的老師。雖然格羅特小姐拼寫手語字母的速度非常慢，但她還是會在上我

的課時，努力地在我的手心裡拼寫講課的內容，好讓蘇利文老師休息一下。他們每一個人都很和藹，且樂於提供協助。

那年，我學完了算術、複習了拉丁語，還讀了三章凱撒的《高盧戰記》。基爾曼先生教了我一段時間的英國文學，他廣博的歷史知識、深厚的文學素養、機敏的思想以及開明的觀點，使我的學習輕鬆又愉快。

在劍橋青年女子學校，我第一次和同齡且視力、聽力都正常的女孩一起學習。我和幾個女孩住在和學校相連的一幢房子裡。我和她們一起玩遊戲，甚至是在雪中捉迷藏；我和她們一同郊遊；我們在一起討論功課，或朗讀我們喜歡的文章。有一些女孩還學會了手語，這樣蘇利文老師就不必向我複述她們的話了。

聖誕節的時候，媽媽和小妹來和我一起過節，好心的基爾曼先生還安排蜜德莉在我們學校裡學習，所以蜜德莉和我在劍橋共同度過了六個月歡樂的時光。

一八九七年六月二十九日到七月三日，我參加了拉德克利夫學院的入學預試。我報考的科目是基礎和高級德語、法語、拉丁語、英語及希臘羅馬史。考試時間長達九個小時。最後，我不僅通過了所有考試，德語和英語還得到「優」。

在此，我想向大家講一講我參加考試時的情形。學校要求學生須進行十六個小時的考試，其中十二個小時考基礎課程，四小時考高級課程。另外，學生須參加至少五個小時考試並且通過才算有效。試卷於早上九點鐘，由專人從哈佛送到拉德克利夫。試卷上面不會寫考生的名字，只會寫考生編號，而我是233號。由於我不得不使用打字機作答，因此我的身分無法隱藏。

為了避免打字機的聲音影響其他考生，所以我被安排在一個單獨的小房間裡考試。基爾曼先生用手語字母把試卷內容拼寫在我的手心裡，房間門口還安排了一個守衛，以免有人打擾。

第一天考德語，基爾曼先生坐在我身邊，把考卷先讀一遍，我再一句一句

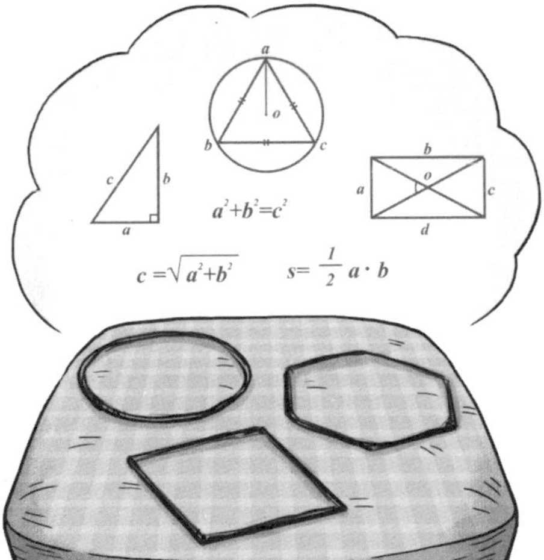

地複述，以確保我聽到的內容正確無誤。試題很難，在打字機上作答的時候，我非常擔心。基爾曼先生把我打好的答案拼寫給我，我再告訴他哪裡需要修改，由他幫我把修改的內容添加到答案卷上。完成試題後，基爾曼先生把我的答案卷交到考官手中，並寫了一張證明，說明我的確是 233 號考生。

其餘的考試都是在同樣的情況下進行，但都沒有像考德語時那麼難。我記得考拉丁文那天，基爾曼先生到考場上告訴我，我已經順利通過德語考試。這給了我極大的鼓舞。因此，我帶著輕鬆愉快的心情，完成了後面所有科目的考試。

在劍橋青年女子學校開始第二年的學習時，我滿懷信心和希望。然而在頭幾個星期，我就碰到了意料之外的困難和障礙。基爾曼先生認為我這一年裡應該主修數學。當時我學習的科目是：物理、代數、幾何、天文、希臘語和拉丁語。麻煩的是，我需要的許多書籍都沒有盲文版，而且有些課程我還缺少學習工具。

我上課的班級很大，有很多人在一起聽老師講課，因此老師不可能為我個別指導。蘇利文老師不得不把所有的書都唸給我聽，並且把老師的話逐一拼寫在我的手裡。這十一年以來，她那雙神奇的手第一次感覺力不從心。

我應該在課堂上做代數、幾何及物理的習題，可是我無法做到。只有當我們買了盲文書寫器後，我才能夠寫下解題的每一個步驟。我看不見畫在黑板上的幾何圖形，而唯一能夠瞭解圖形的方法，是在墊子上用鐵絲把形狀做出來。正如日後負責教我數學的吉斯先生所說，我的腦海裡要先浮現出幾何圖形，然後進行演算、假設，最後再推斷出結論。

有時，我會失去所有的勇氣和力量，甚至將懊惱和不滿發洩在蘇利文老師的身上。而在我所有的老師和朋友中，她是唯一能撫平我內心傷痛的人。

漸漸地，這些困難都隨著盲文書籍和學習工具的到來而消失，我用加倍的信心沉浸在學習之中。然而，幾何和代數這兩門科目仍然讓我十分苦惱。我沒有數學方面的天賦，幾何圖形更是讓我頭痛不已，即使在墊子上拼出了許多圖形，我還是無法弄明白各個部分之間的關係。直到吉斯先生開始教我數學，我才對這門課有了清楚的認知。

當我正逐漸克服學習困難的時候，基爾曼先生卻向我提出了他的建議，而使所有事情發生了變化。

基爾曼先生認為我的學習太艱苦了，於是減少了我的上課時間。起初，我們同意在必要的情況下，用五年的時間來為考大學做準備。但在第一學年結束後，我的考試成績讓蘇利文老師和其他老師相信，只要再讀兩年，我就可以完成準備了。剛開始基爾曼先生也贊成這一點，但後來他覺得我的功課進展不夠順利，認為我應該再學習三年。我不同意他的建議，因為我想和班上的同學一起上大學。

有一天，我感到身體不適，沒有去上課。雖然我沒有什麼大礙，但基爾曼先生聽說後，認為我的身體是被課業壓垮了，於是改變了我的學習安排，使得我無法和同班同學一起參加結業考試。我們的意見分歧愈來愈大，母親決定，讓我和小妹從劍橋青年女子學校退學。

又過了一段時間，學校安排吉斯先生做我的家庭教師，指導我的學業。那年冬天，我和蘇利文老師是在倫薩姆城的一位朋友錢柏林家度過。

一八九八年二月到七月，吉斯先生每週會來倫薩姆城兩次，為我上代數、幾何、希臘語和拉丁語。

一八九八年十月，我們回到了波士頓。之後的八個月，吉斯先生每週都會為我上五次課，每次一小時。每次上課，他會為我講解上一節課我不懂的問題，再安排新的作業，並把我完成的希臘語作業帶回去批改，待下次來再發還給我。

我為上大學做的準備就這樣一直持續進行著。我覺得在家裡自學比在學校上課更自由，學習知識也更加容易理解和掌握，因為老師有充足的時間講解我不理解的知識。即使是數學，吉斯先生也可以使它變得有趣。他總是那麼地溫和、有耐心，讓我始終對自己充滿信心。

一八九九年六月二十九日和三十日，我參加了拉德克利夫學院的入學複試。第一天考基礎希臘語和高級拉丁語，第二天考幾何、代數和高級希臘語。

用盲文進行語言科目的考試非常順利，但是代數和幾何的考試卻是困難重重，因為其中有許多變化多端的標記和符號。

考試的前兩天，維窩先生把一份哈佛大學舊的盲文版代數考卷寄給我。我驚訝地發現考卷用的是美國盲文系統的標記和符號，而我在代數課上只用過英式的盲文系統。我馬上寫信給維窩先生，請他為我解釋這些標記。收到回信後，我便開始學習這些標記和符號，然而一些複雜的標注還是讓我很傷腦筋。

幾何考試中，我還是遇到了我不明白的標記和符號，完全被弄糊塗了，因此無法將閱讀到的東西清楚地呈現在腦海中。代數考試時，我也遇到了相同的問題。此外，我沒有辦法看到自己在打字機上寫下的答案，因為吉斯先生一直鼓勵我用心算解題，並沒有訓練我用筆書寫答案。

拉德克利夫學院的行政委員們不知道他們的考試給我設置了多大的困難，也不瞭解我要克服這些困難有多艱辛。然而讓我感到欣慰的是：我克服了這些障礙！

直到一九〇〇年，我才實現了上大學的夢想。我盼望著這一天的到來已經很多年了。我知道未來還會有許多障礙等著我，但我決心要一一克服它們。

我謹記著一句關於羅馬的座右銘：「被驅逐出羅馬，只不過是生活於羅馬之外而已。」就像我無法踏上尋求知識的康莊大道，只能被迫走向那條充滿荊棘的崎嶇小路。我也知道，在大學裡將有許多機會，能夠讓我和那些像我一樣努力奮鬥的女孩們

一起攜手前進。

我將所有的熱情都投入到學習之中，相信將有一個嶄新光明的世界呈現在我的面前。

但是很快我就發現，大學並非我所想像的那麼浪漫，幼時那些快樂的夢想也變得沒那麼美好了。我感到最大的遺憾是缺乏時間。在大學裡，我必須不停地累積知識，就像是在不斷地儲存財富。我沒有時間與自己的思想交流，但我更享受的其實是思考所帶來的快樂。

第一年，我學習的科目是：法語、德語、歷史、英語創作和英國文學。法語課上，我讀了高乃依、莫里哀、拉辛、繆賽和聖伯夫的一些作品；德語課上，我讀了歌德和席勒的一些作品，並且迅速瀏覽了從羅馬帝國覆滅到十八世紀整個階段的歷史；英國文學課上，我研讀了彌爾頓的詩歌和《論出版自由》。

然而，我的學習生活是非常艱辛的。在教室裡，教授的講課，就像是透過電話聯絡一樣遙遠。蘇利文老師必須把講課的內容以最快的速度在我手上拼寫出來，一個個字母掠過我的手心，我的頭腦完全被機械的字詞所占據。由於我在用手聽課，所以我根本沒有辦法做筆記，通常只能在回家後才把記得的部分記錄下來。

我用打字機寫出每天的作文、評論，完成平時的測驗和期中、期末考試的答案卷。我使用的是哈蒙德牌打字機，因為我發現它最符合我學習時的特殊需求。這種打字機有好幾個鉛字梭，每一個鉛字梭都有一套不同的字元，可以根據個人需求切換成希臘文、法文或數學字元。如果沒有這種打字機，我也許根本無法上大學。

在各種課程當中，很少有為盲人印製的書籍，我只能請別人把書裡的內容逐一拼寫在我的手心裡，所以與別的同學相比，我需要花更多的時間來預習，因為比起普通人，通過手語字母閱讀需要耗費更多的時間。

我需要花費好幾個小時讀書，而別的女孩卻可以在外面跳舞、唱歌、玩遊戲，這使我的情緒變得非常焦躁。不過，我很快就讓自己平靜下來，並保持樂觀的心態，將不快的情緒從心中驅趕出去。因為，每一個人都必須獨自攀登知識的山峰，越過途中的溝壑與障礙，才能獲得屬於自己的成就。在這個過程中，沒有平坦的道路，也沒有其他捷徑。

我慢慢學會了控制自己的情緒。每前進一點、獲得一點進步，都會使我受到極大的鼓舞，讓我期盼自己能爬上更高的山頂。每一次的磨難都是一次勝利，每一次的努力都是一次收穫。

我並不孤獨。威廉·韋德先生和賓西法尼亞盲人教育學院的校長艾倫先生，為我找到許多盲文版書籍，他們的關懷和幫助對我而言彌足珍貴。

在拉德克利夫學院的第二年，我學習了英語創作、《聖經》文學、美國和歐洲的政體、賀拉斯的《歌集》以及拉丁喜劇。其中，英語創作課最為有趣。創作課的老師查理斯先生的講課方式幽默詼諧、生動活潑、充滿智慧，是一位不可多得的好老師。短短一小時的課堂上，他能讓你領略大師作品的震撼力和永恆的魅力，令你陶醉其中，回味無窮。

這一年是我最快樂的一年，因為這一年學習的都是我感興趣的科目：經濟學、伊莉莎白一世時期的文學、莎士比亞文學和哲學史。哲學能夠帶你進入遙遠年代的各種思考方式之中，在過去，這個學科對人們來說是非常陌生的。

大學並不是我原本想像的那種古雅典式學園。在這裡，你不可能和偉人或智者相遇，更不可能觸摸到他們。他們就像是乾枯的木乃伊，而我們必須將他們從知識的裂縫中攫取出來，對他們進行深入的分析，才能確信我們眼前的是彌爾頓的作品，或者是《以賽亞書》。

可問題是，我認為領悟其中的情感應該比理性分析更重要，但許多學者似乎忘了如何領略那些偉大的文學作品，他們往往花費許多心力進行講解，卻無法在人們心中留下

深刻地印象，就彷彿：你可以瞭解一朵花的根莖和生長過程，卻不懂得欣賞沐浴在雨露之中的鮮花。

我常反覆詢問自己：「你為什麼要關心那些解釋和判斷呢？」那些看似理性的解說和假設在我的腦海翻飛，像一群盲目的鳥徒勞地拍動羽翼。我並不反對那些對名著作品的解析，我反對的是無止境的評論和讓人困惑的批評，因為那只會讓人更深刻的體悟到：世界上有多少人，就有多少觀點。

有時，我很渴望能除去一半的課業，因為巨大的壓力讓我無法享受知識所蘊含的寶貴財富。我想，人不可能在一天之內，將四、五本不同語言和主題的書籍閱讀完畢。當你帶著焦慮的心情讀書，腦子裡想著各式各樣的考試和測驗時，你的頭腦只會充斥各種雜亂的思緒，讓你變得無所適從。如同現在，我的腦袋裡充滿林林總總的材料，根本無法釐清思緒，就像是一頭闖進瓷器店的公牛，各種知識的碎片猶如冰雹一般朝我頭上打來。

大學生活中，最讓我害怕的就是各式各樣的考試，雖然我面臨過許多次考試，而且每次都成功地將它們擊敗，但它們總能反撲過來，威脅我的信心。在考試之前，我必須在腦子裡塞滿讓人厭倦的公式和令人難以消化的年代資料。就像吃下難以下嚥的食物，使人希望能把自己連同書本一起葬身海底，讓一切一了百了。

令人畏懼的可怕時刻終於來了。很多時候，記憶和精確的分辨能力會在你最需要它們的時候，張開翅膀飛走，消失得無影無蹤。你千辛萬苦裝進腦袋裡的東西，到了緊要關頭卻怎麼也想不起來了。

「介紹胡斯（註②）的生平和功績。」胡斯，他是誰？他做了些什麼？這個名字看上去是那麼地熟悉，你仔細地搜索你的大腦，並肯定他就在腦袋裡的某個地方，因為你曾經在查找宗教改革運動開端的時候見過他。你把所有零零碎碎的知識都掏了出來——宗教革命、教會宗派分裂、火刑、政治制度；但是胡斯在哪裡？你在絕望的時候把所有腦袋裡的知識都翻了出來，卻沒看見你要找的人。正當這個時候，監考人告訴你時間已到。於是，你只能懷著滿腔的憤怒，把這堆答案紙扔進垃圾桶裡。

這些就是我現在對大學的看法。

進入學院以前，我將大學生活想像得十分浪漫，如今這被浪漫包裹的光環消失了。但是從浪漫到現實的過渡中，我學會了許多東西。如果從未嘗試過，我永遠也體會不到某些事。

我學到的經驗中，最寶貴的事情之一就是：學會忍耐。我們應該把教育當成在鄉村悠閒漫步，只有放慢步調、從容不迫，我們才能盡情接受天地萬物間的知識，而知識就會像無聲的潮水，悄無聲息地湧入我們的靈魂。

「知識就是力量」，但知識同時也是幸福。只有擁有知識，才能辨別真善美、假惡醜。只要瞭解人類進步的思想和事蹟，就會觸摸到人類偉大的人性脈搏。如果有人感受不到這種脈搏的韻律，那他就是對生命的旋律充耳不聞。

【註】

①拉德克利夫學院（Radcliffe College）是位於美國麻薩諸塞州劍橋市的女子文理學院，創建於一八九七年——一個女性高等教育極具爭議的年代，並於一九九九年全面整合至哈佛大學。身為美國七姐妹校（專收女性的高等教育機構）之一，拉德克利夫學院的學生以知性、文藝、具批判性思維著稱。

②胡斯（Jan Hus）是神聖羅馬帝國的天主教神父，更是捷克的思想家、哲學家和改革家。他無法忍受教會和封建主一起剝削捷克基層人民，於是揭發教會發行贖罪券等斂財行為，並主張應以《聖經》作為唯一的依歸，而非教皇的權威。眾多批判當權的行為激使羅馬政府以異端為由，逮捕、監禁、甚至最後以火刑燒死年僅四十六歲的胡斯。

胡斯派的信徒引發了長達十五年的胡斯戰爭，最終雖然戰敗，但仍奠定了捷克獨立的基礎。如今，胡斯被視為捷克的民族英雄，而胡斯逝世的當天（七月六日）被稱為胡斯日，是捷克的國定假日。

回首與前行

第八章 我的生活

前面，我講述了我的生平，但並沒有提到書籍對我的幫助有多大。不僅是因為書籍給人帶來智慧和歡樂，也因為透過書籍的雙眼和雙耳，能夠見識和聽取他人的知識。在接受教育的過程中，書籍對我的意義遠超他人，所以，現在我要從我開始閱讀時講起。

我第一次閱讀故事書是在一八八七年五月，那一年我七歲。從此往後，我便如饑似渴地閱讀書籍，只要是在我指尖能夠觸摸到的範圍內，我都不會放過。

一開始，我只有幾本用盲文印刷的書——一本兒童故事集，以及一本關於地球知識、名叫《我們的世界》的書。那大概就是我書庫裡全部的書了。我一遍又一遍地反覆閱讀，直到書上的字都被磨損得無法辨認。有時，蘇利文老師會在我手心裡拼寫，把她認為我能理解的小故事和詩歌告訴我，但是我更希望能夠自己閱讀，因為我喜歡獨自沉浸在閱讀的快樂之中。

我真正開始閱讀是我第一次到波士頓的時候。那時，我每天都會花時間到圖書館讀書。我徘徊在書架之間，隨意取閱書籍。不管書中的文字我能認識多少，我都照讀不誤。

後來，當我開始說話和寫字的時候，這些字詞和句子就會自然地浮現，甚至讓我的朋友們對我豐富的詞彙量大感驚奇。我在不知不覺中閱讀了許多圖書的片段和大量的詩歌，而《小公子》（註①）是我第一本完整閱讀的書。

八月一個炎熱的下午，吃過午餐後，蘇利文老師和我急急忙忙地洗完盤子，想盡可能爭取多一點的時間來閱讀這本書。當我們穿過草地時，有幾隻蚱蜢跳到我們的衣角上，我還記得，老師非要把這些小蟲子從衣服上弄走才肯坐下來，我則認為這種小事

無傷大雅。

我們坐在吊床上，吊床拴在兩棵粗壯的松樹上。在此之前除了蘇利文老師，沒有其他人使用過，所以吊床上面鋪了一層掉落的松針。炎熱的陽光照射在松樹上，松樹散發著迷人松香，空氣中充滿了淡淡的香味。蘇利文老師在閱讀的過程中，時而為我解釋我不懂的事物和不認識的字。

起初，我不認識的字很多，造成老師的閱讀不斷地被打斷，但我很快就沉浸在故事的情節之中。我急著想知道故事之後的發展，根本沒有心思再去理會那些生字。當蘇利文老師累得無法再繼續在我手裡拼寫字母時，我第一次感受到被剝奪心愛事物的急切心情。我將書拿在手中，滿懷熱切地嘗試去觸摸那些字母，我永遠也忘不了這樣渴望的心情。

後來，在我急切的要求下，阿納諾斯先生請人把這本圖書做成了盲文版。我把這本書讀了又讀，幾乎可以完整將它背誦出來。《小公子》開啟了我的閱讀興趣，並伴隨了我整個童年時光。

在後來的兩年時間，我陸續閱讀了許多圖書，其中有拉封丹的《寓言》（註②），霍桑的《奇妙的故事》、《聖經故事》，蘭姆的《莎士比亞故事集》，狄更斯的《兒童的英國歷史》，還有《天方夜譚》、《魯賓遜漂流記》、《小婦人》和《海蒂》等。我在學習和玩耍之外的時間閱讀這些圖書，且愈讀愈有興趣。我沒有研究和分析過這些作品，也從來沒有想過文體風格和作品的創作背景。作者將這些寶藏展現在我眼前，而我接納了這些珍寶，就像接受陽光的溫暖和朋友的友誼一樣。

我非常喜歡《小婦人》，它讓我感覺自己和那些聽得見和看得見的正常孩子有種親密的連結。在我的生活中，受到許多限制，所以不得不在書籍裡尋找自身以外的種種資訊。

我不是很喜歡拉封丹的《寓言》。一開始，我讀了這本書的英文譯本後，並沒有很喜歡，後來我又讀了法文的原文版本，但依然無法博得我的好感。儘管書中的文字描述生動精彩，但是裡面的動物像人一樣說話、做事讓我覺得十分荒誕可笑，使故事失去了原有的教育意義。

我喜歡《叢林奇譚》和《我所知道的野生動物》。我發自內心地喜愛著書中的野生動物，因為牠們是真正的動物，而不是擬人化的可笑形象。牠們的滑稽讓你歡笑，牠們的不幸讓你哭泣，牠們的愛與恨讓你震撼。故事中也包含許多深刻的寓意，但非常含蓄，讓人難以意識到它的存在。

我也偏好歷史讀物。對我而言，古希臘具有神祕的吸引力。閱讀《伊利亞德》（註③）史詩後，希臘成了我的幻想之地。在閱讀之前，我就已經對特洛伊木馬的傳說非常熟悉了。在我搞懂希臘語文法以後，古希臘文學瑰寶就再也無法將我拒於門外。

偉大的詩句，不論是以希臘文或英文書寫，需要的都不是翻譯，而是一顆情感豐富的心。人們卻常常用穿鑿附會的分析和評論，扭曲了這些偉大的詩句。理解和欣賞一首優秀

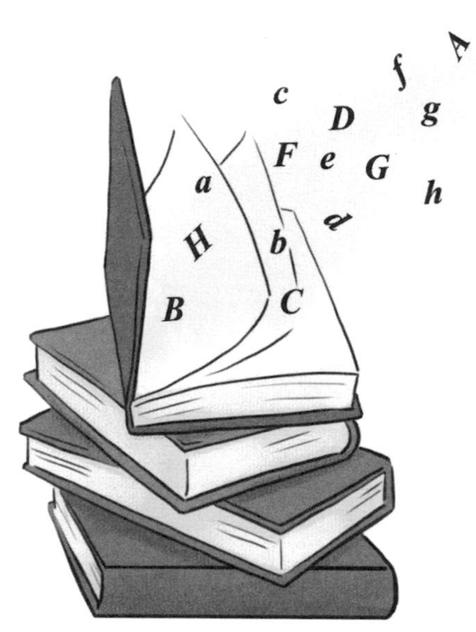

的詩，並不須要定義其中的每個單詞，或是解析句子中的文法斷句。我知道自己永遠不可能像學識淵博的教授們那樣，從中發掘出巨大的寶藏。他們會找到更多文學的珍寶，但是我並不貪心。當我讀到《伊利亞德》的精彩片段時，我的心靈有一種昇華的感覺。我身體上的缺陷已經被我忘卻，而我的視野也愈來愈開闊，彷彿整片天空都屬於我。

暢遊於書籍之間是多麼讓人愉快啊！但是這趟書籍之旅並非一帆風順。我艱難地在語法和詞典的迷宮裡前行，有時還會跌入學校或大學考試的可怕陷阱之中。

我很小的時候就開始接觸《聖經》了，那時我還不能理解它。我清楚地記得，在一個下著雨的早晨，我閒來無事，便央求表姐為我讀一段《聖經》裡的一個故事。雖然她知道我聽不懂，但還是在我的手心裡將約瑟和他兄弟們的故事拼寫出來。故事並沒有引起我的興趣，因為那與眾不同的語言和反覆的敘述方式，讓這個故事顯得很不真實，在表姐說故事後沒多久，我就睡著了。

然而，後來我又是如何發現《聖經》中的光輝呢？這麼多年來，我都懷著快樂和感動的心情閱讀《聖經》，我愛它勝過其他一切圖書。但是《聖經》中有許多東西與我的本性互相牴觸，我會為自己被迫從頭到尾讀完它而感到鬱悶，而且我不認為其中的歷史知識足夠補償我的煩悶。我希望能將古代文學中醜惡鄙陋的部分清除，但我當然也非常反對竄改這些偉大的作品，讓它們變得面目全非。

質樸簡潔的〈以斯帖記〉中，有一些令人印象深刻、心生敬意的片段。有哪個場面會比以斯帖面對她邪惡的丈夫時更戲劇化？她知道自己的生命掌握在他的手中，沒有人能保護她免受他的怒火波及。但是，她克服了女性的畏怯，走向他，高尚的責任感鼓舞著她，她的心中僅有一個念頭：「若我殞命，我便殞命；但若我生存，我的人民也得以存活。」

而〈路得記〉的故事是多麼地具有東方特色啊！樸實的鄉村生活與繁華的波斯首都形成了鮮明的對比。路得忠貞又溫柔，讀到她與那些正在收割的農民們一起站在搖曳的玉米叢時，會讓人忍不住愛上她。在黑暗又殘暴的年代，她的美麗和無私的精神，就如同黑夜裡閃爍的明亮星辰。像路得那樣，能夠超越不同的信仰和根深蒂固的種族偏見，是非常罕見的。

《聖經》給予我深遠的慰藉，意即：「看得見的事物是一時的，看不見的事物是永恆的。」

自我開始閱讀後，我便十分喜歡莎士比亞。我無法確切說出開始讀蘭姆的《莎士比亞故事集》的時間，但是我知道自己剛開始是懷著孩童般的好奇心來讀它的。讓我印象最深的是《馬克白》，雖然我只讀過一遍，但其中的人物和故事情節深深地烙印在我的記憶裡。有很長的一段時間，鬼魂和女巫甚至都追到了我的夢境之中呢！我可以清楚看見匕首和馬克白夫人纖細白皙的手，那些可怕的血色汙點在我眼前生動呈現，就如同那憂傷的王后親眼見到的一樣。

在讀完《馬克白》之後不久，我又讀了《李爾王》，無論如何，我都忘不了讀到格羅斯特眼睛被弄瞎時，內心那種恐懼的感覺。我被憤怒虜獲，手指拒絕動作，我僵坐在那許久，血液竄向我的太陽穴中，我只感覺自己的心被滿滿的仇恨占據。

初次閱讀莎士比亞的作品時，它帶給我的似乎是許多不愉快的回憶。現在我最喜愛的這些明亮、充滿溫柔和幻想的戲劇，一開始並沒有讓我產生深刻的好感，也許是因為那些故事裡反映的是充滿歡樂與陽光的童年。然而，「沒有什麼東西會比孩子的記憶更加反覆無常了：不管是擁有，還是失去。」（註④）

此後，我雖然多次閱讀莎士比亞的劇本，甚至能背誦其中的一部分，但是卻說不出自己喜歡哪些劇本，因為我對這些作品的喜愛就和我的心情一樣變化多端。儘管我喜愛莎士比亞，但是讀懂評論家和注釋者的詮釋是一件很辛苦又乏味的事，我曾經努力去記住這些東西，但這些評論和闡釋往往讓我非常惱火。直到不久前，在基特里奇教授教導關於莎士比亞的課堂上，我才瞭解到莎士比亞作品的博大精深。我很高興看到一層又一層的帷幕被拉起，在我的面前顯現出一個嶄新的、充滿思想和美的王國。

我喜歡的書籍類型中，歷史書籍僅次於詩歌。我閱讀了所有我能找到的歷史作品。從枯燥的歷史事實和更枯燥的紀事年表，到客觀公正、生動流暢的《英國人民史》，以及從《歐洲史》到《中世紀》等各種史學相關的書，都在我的閱讀範圍之內。第一本使我真正意識到歷史價值的書是《世界史》，這是我在十三歲時收到的禮物，我一直保留著它。

在大學期間，我熟悉了法國和德國文學。我喜歡德國文學中豐富深厚的內涵。而最觸動我心的，是他們的作品對女性自我犧牲精神的展現和讚頌，這種思想在所有的德國文學作品中無所不在。在我讀過的所有法國作家的作品中，我最喜歡的是莫里哀和拉辛的作品。而巴爾扎克的宏偉著作和浪漫派作家梅里美的精彩章節就像是一陣強烈的海風，讓人感到精神振奮。我也敬佩雨果，欣賞他的才氣、他的智慧和他的浪漫主義精神。所有偉大的作家和詩人都是世界萬物的詮釋者，將我們的心靈引入真善美的境界。

我恐怕寫了太多我的「書友」了，不過，事實上我才僅僅提了幾個我最喜歡的作者，這很容易讓人覺得我喜歡的作者數量有限且小眾，但這只是錯覺。我會因為各種原因，而喜歡上不同的作者。

總而言之，文學是我理想中的國度，在這裡沒有任何阻礙我和書中朋友們接觸的屏障。我和這些朋友可以隨心所欲地交談，而我所學到的任何知識，在他們宏大的愛和仁慈面前，是那麼的無足輕重。

在前面自我回顧的故事中，我曾提到個人對鄉間和戶外運動的喜愛。我很小的時候，學會了划船和游泳，夏天在倫薩姆城的時候，我幾乎是生活在船上。沒有什麼比帶著朋友們出去划船，更讓我感到快樂了。

我划船的時候，總會有一個人坐在船尾掌舵，因為我不能操縱船行駛的方向。不過有的時候，我划船不用舵，而是憑藉水草和睡蓮的香味，以及灌木叢中的氣味掌握方向。我使用有皮革捆綁的船槳，捆綁的皮革可以使槳固定在槳架上，而透過水的阻力我能夠知道航行的狀況。我喜歡感受波浪的湧動，以及讓船兒乖乖聽從自己意願和力量時，帶給我的興奮和激動。

我也喜歡划獨木舟。如果我說我特別喜歡在月夜泛舟，你們也許會啞然失笑。的確，我不可能看見月亮從松樹後面爬上天空，悄悄地在雲朵間穿行，為大地鋪上一條閃亮亮的道路，但我知道它就在那裡。我會靠在坐墊上，把手放進水裡，想像著觸摸它那閃爍的衣裳。有時候，小魚會從我的手指間溜過，睡蓮會害羞地貼在我的手上。當我從一個狹窄的洞穴划出來的時候，會感覺豁然開朗，彷彿有一股暖流包圍著我；不知道那種溫暖是來自被陽光照射過後的樹木或是水面，我無法辨別。在風雨交加的日子裡，當我身處城市中心時，也曾有過相同的感受。這就像被人親吻臉頰時，嘴唇上的溫度。

我最喜歡的娛樂項目是航海。一九〇一年夏天，蘇利文老師和我去了哈利法克斯，那年夏天，我們大部分的時間都在那裡度過。白天，我們航行在貝德福海灣、麥克那布島、約克索堡；夜晚，我們划行在巨大戰艦的陰影之下，度過了一段悠然又奇妙的時光。

有一天，我們遇到了一件讓人心驚膽戰的事！當天，西北海灣正在舉行划船比賽，來自不同船隊的船隻都參與了這項盛事。我們和許多人一同搭乘帆船到海上觀看比賽，幾百艘小帆船在附近緩緩地漂動，海面非常平靜。可是當比賽結束後，我們乘坐的帆船正朝岸邊駛去時，一片烏雲從海上飄過，漸漸地愈變愈大、愈變愈濃，最後布滿整片天空。

海風愈來愈猛烈，海浪憤怒地咆哮，我們的小船迎著巨大的海風在波濤中顛簸。乘客們奮力地和風浪抗衡，同時相信船長能夠帶領我們化險為夷。船長是個對付風浪的好手，憑藉著厚實的手掌和成熟的技術，駕駛著小船穿越風暴。最終，我們返回了碼頭，但大家都已又冷又餓，疲憊不堪。

去年夏天，我是在新英格蘭一個迷人安靜的小村子裡度過的。倫薩姆城這個地方彷彿和我有著不解之緣，我生命中所有的歡樂與憂愁，似乎都與這裡息息相關。這些年來，錢柏林先生的「紅色農場」就像是我的家。我懷著感激之情想念著朋友們的關懷和體貼，還有大家一起度過的歡樂時光。我們一起玩遊戲，相攜在樹林中漫步、在水中嬉戲。一些年幼的孩子們常常圍著我嘰嘰喳喳地說話，而我也為他們講述小精靈、小矮人、英雄和狡猾的熊的故事，這一切至今仍讓我回味無窮。

錢柏林先生將我帶到大自然的祕境之中，我好像聽到了樹液在枝葉間流動的聲音，看到耀眼的陽光在樹葉上閃耀。每個人身上似乎都擁有一種能力，那就是對綠色大地和潺潺流水聲的記憶，這種與生俱來的能力是一種心靈的感受，能夠將視覺、聽覺和觸覺融為一體。

在鄉村，人們看到的是大自然的美麗，他們不必像熙熙攘攘的城市人一樣，為殘酷的生存鬥爭而憂心忡忡。我去過窮人生活的骯髒街道好幾次，想到他們被迫居住在陰暗的小屋裡艱難地生活，有錢人卻能住在高樓大廈裡悠哉逍遙，我就深深地覺得社會非常不公平。

在汙濁不堪的小巷裡，那些衣衫破爛、忍受飢餓的孩子總是出現在我的面前。我向他們友好地伸出手，但他們卻避之唯恐不及，這讓我的內心感到痛苦。還有那些飽經風霜、佝僂駝背的人們，我摸過他們粗糙的雙手，瞭解到他們在為生存進行無止盡的拚搏。善良的人啊！你們怎麼能對你們的兄弟姐妹如此冷漠？願人們能離開喧囂浮華的城市，回到大自然純樸的生活中來！以上我所敘述的一切，都是我在城市生活了一年後，再次回到鄉村時萌生的感想。

現在，我重新踏上鬆軟的土地，沿著綠茵小徑走向蕨草叢生的小溪，把手伸進涓涓溪水裡。我翻過一道石牆，跑進一片高低起伏的綠色原野。

除了悠閒的散步，我也喜歡騎著雙人自行車兜風。清新的風迎面吹拂，感覺十分愜意！空氣中蘊含著一種輕快和歡樂的力量，讓我忍不住手舞足蹈、心兒歡唱。

雨天的時候，我待在房子裡，與別的女孩一樣，做著能消磨時間的活動。我讀書，也喜歡用鉤針編織東西，或是和朋友們一起玩跳棋和象棋。如果我獨自在家，就會玩單人的紙牌遊戲。我有個特製的棋盤，棋盤的格子都是凹進去的，讓棋子可以穩穩當當地插在裡面，以便於我能用手撫摸棋盤來瞭解對方的棋勢。棋子從一個格子移到另一個格子時會產生震動，這樣我就可以知道什麼時候輪到我走棋。

博物館和藝術品商店也是我喜歡去的地方，在那裡觸摸偉大的藝術品，對我來說是一種愉悅的享受。當指尖滑過起伏的線條時，我能感覺到藝術家們的思想和情感。我書房的牆上就有一幅荷馬的圓雕，我常以尊崇的心情觸摸他英俊而憂傷的臉龐。在冰冷的灰石中，他那雙盲眼仍然在為自己心愛的希臘尋求光明與藍天。他美麗的嘴角總是堅定而柔和。

我另一個特別的愛好，就是到戲院觀看演出。比起閱讀劇本，我更喜歡在臺下觀賞的時候，有人為我描述表演的內容。我有幸見到了幾位偉大的演員，還被允許在愛倫·特里小姐穿戴好女王服飾時，觸摸她的臉龐和服裝，從而感覺到她神聖高貴的氣質。站在她身邊的是亨利·歐文爵士，他身披著國王的皇袍，舉手投足都顯示出王者的威嚴。在他的臉上，有一種我永生難忘的疏離感和悲傷。

我還認識傑弗遜先生，我也以有他這樣的朋友而感到驕傲。我看過他演出的《情敵》。有一次我在波士頓拜訪他的時候，他特別為我表演了《情敵》中的精彩片段。我們所在的會客廳成了臨時舞臺。當劇中人鮑勃在寫決鬥信時，我的手追隨著他的每一個動作，捕捉到了他滑稽可笑的錯誤和手勢。當他站起來決鬥的時候，我隨著劍快速刺擊和推擋，感覺到鮑勃的顫抖和他逐漸喪失的勇氣和鬥志。傑弗遜先生深厚的藝術功力，賦予了表演蓬勃的生命力。

我還清楚地記得我第一次去看演出時的情景。那是十二年前，蘇利文老師帶我去看小演員埃爾希．萊斯演的《王子與乞丐》。我永遠也不會忘記悲喜交加的劇情和小演員精彩的表演。演出結束後，我被允許到後臺探訪穿著王族服裝的埃爾希。她面帶微笑地站在那裡，金黃色的長髮披在肩上。那時我剛開始學說話，當她聽懂了我說的幾個字後，毫不猶豫地伸出手來向我問候，讓我高興得手舞足蹈！

儘管我的生活有許多的局限和障礙，但我仍不斷地接觸美好的事物和這個多采多姿的世界。每一種事物都有其美妙之處，就連黑暗和寂靜也是如此。我逐漸學會，不論在何種狀況下都要感到滿足。我努力使別人眼中的光明成為自己的太陽，別人耳朵裡的聲音成為自己的樂章，別人臉上的微笑成為自己的快樂。

我在生活中遇到許多善良的人，我希望能夠把他們的名字都記錄下來，因為他們曾經給我帶來那麼多友好和歡樂。

我認識並且與很多具有非凡才能的人交談過，布魯克斯主教就是其中之一。小時候我喜歡坐在他的膝上，用一隻手握著他溫暖的大手。他會用生動有趣的方法，為我講述上帝那富含深意的話語，而蘇利文老師則將他的話拼寫在我的另一隻手上。我抱持著孩童般特有的好奇聽他說話，雖然我的精神達不到他的境界，但他讓我感受到了生命的樂趣。

有一次，我問他世界上為什麼有多種不同的宗教，他告訴我：「世界上有一種共同的宗教，那就是愛的宗教。」而他的一生印證了這個偉大的真理。他將崇高的思想和博大無私的愛融入了他的信仰。

我還記得第一次見到霍姆斯醫生時的情景。他邀請我和蘇利文老師在某個星期日下午去他家。那時是早春時節，我才剛學會說話。我們來到他的書房，他正坐在一張大扶手椅上，壁爐裡燃燒的薪柴，劈啪作響。房間裡有許多書籍，我伸手碰到了一本精美的丁尼生詩集。蘇利文老師告訴我書名後，我便開始朗誦了起來：「大海啊，撞擊吧！撞擊吧！撞擊那灰色的礁石！」突然我感到有眼淚滴在我的手上，於是停止朗誦。這位可愛的詩人竟然哭了！真是讓我感到不安。之後我又與他見過好幾次面，我不僅喜歡他的詩詞，也十分喜愛他的為人。

在見到霍姆斯醫生後不久的一個夏天，蘇利文老師帶我拜訪了作家惠迪埃先生。他溫文儒雅的舉止和優雅的談吐贏得了我的好感。他有一本個人著作詩集的盲文版，我讀了其中的一首〈校園時光〉。他對於我能把字音發得這麼準確，感到非常高興。我還為他背誦了〈榮耀歸於上帝〉，在背到整首詩的最後一句時，他把一尊黑奴的小雕像放進我手裡。後來我們去了他的書房，他親筆在那裡為蘇利文老師題詞，表達對她的敬佩之意。然後他領著我走到大門口，親吻我的額頭和我告別。我答應隔年夏天再去拜訪他，可是沒等我實現諾言，他就去世了。

貝爾博士是我認識很久的老朋友。我從八歲起就認識他了。隨著年齡的增長，我對他的喜愛和敬意也與日俱增。他博學而富有同情心，且時常在蘇利文老師和我感到艱難與痛苦時，支援我們。貝爾博士幫助我們走過許多坎坷的道路，也為其他無助的人付出了他的愛。

前面已提過我和貝爾博士初次會面的情形。而從那個時候起，我就和他共度了許多快樂的時光。在貝爾博士的實驗室裡，我聽他講述他的實驗；在廣闊的田野裡，我們一起放風箏—他想藉此發現能夠控制未來飛行器的飛行規律。貝爾博士精通多門學科，並能夠將深奧的理論變得活潑有趣。他會讓你認為：只要假以時日，你也能夠成為一位發明家。他對孩子的關心及對聾啞人士的愛，讓周圍的人更深深敬愛著他。

我在紐約生活的兩年時間裡，經常到赫頓先生美麗的家中拜訪他和他的夫人，並在他們家裡遇過許多傑出的人物。在參觀他家的圖書室時，我還發現了他的朋友們寫給他的真摯留言。赫頓先生是我遇到的所有人之中，最為寬厚善良的一位，他能夠把每一個人最優秀的潛力和最真誠的情感發掘出來。在任何時候，他都是你忠實的朋友。

赫頓夫人則是一位能夠患難與共的朋友。大學期間，她給過我許多有益的建議和幫助，並在我學習遇到困難、感到灰心喪氣的時候，寫信鼓勵我、給我信心和力量，讓我有勇氣去面對這些挫折。從她的身上，我明白了：「只有克服眼前的困難，才能在往後的道路上順利前行。」

赫頓先生還把他許多文學界的朋友介紹給我認識，其中有小說家豪威斯先生和馬克·吐溫先生，還有詩人吉爾德先生和斯特德曼先生。我還認識了沃納先生，他深受朋友們的敬愛，他講的故事令人開懷，他博大的同情心使他像愛自己一樣愛著周圍的人。在他寫給我的一封信中，他特意在簽名下方做出凹下去的印跡，好讓我能夠摸得出來。我還透過觸摸馬克·吐溫先生的嘴唇知道了一、兩個好故事，他有自己獨特的思維方式，說話行事也都有自己獨特的風格。

就是這些朋友成就了我的人生！他們想方設法幫助我克服身體上的局限，使我能夠在黑暗且無聲的世界裡，平靜而愉快地前行。

【註】

①《小公子》（“Little Lord Fauntleroy”）為英國作家法蘭西絲．霍森．柏納特的首部兒童小說。故事敘述一位少年塞卓克．埃羅爾與他的母親住在紐約市一間破舊的房子裡，在塞卓克的父親——塞卓克上尉去世後，他便與母親生活在貧困中。某日，一位英國律師來訪，並告訴他們由於塞卓克上尉的哥哥去世了，因此將由塞卓克．埃羅爾繼承他祖父的龐大產業。而這個消息也為樂觀正直的塞卓克．埃羅爾的人生帶來巨大轉變。

②拉封丹的《寓言》（“Fables”）出版於一六八八年，為法國經典文學著作。古希臘、古羅馬、古印度、伊索寓言、中世紀和十七世紀的民間故事等，給予作者許多靈感，讓他透過生動活潑的語言，以及洞悉人性的敏銳雙眼，重新塑造迷人的動物寓言，以動物喻人，例如以狡猾的狐狸和詭計多端的貓、虛榮的鳥和貪婪的狼等等，諷刺勢利小人和達官貴人的醜惡。

③《伊利亞德》（“The Iliad”）為荷馬所寫的古希臘史詩，講述希臘聯軍攻打小亞細亞特洛伊城的戰事，戰爭因王子帕里斯在愛神的幫助下，騙走斯巴達王之妻海倫而爆發。為期十年的戰事涉及角色眾多，包括戰爭雙方的人類，以及捲入人類戰爭的奧林匹斯眾神，其中又著重於邁錫尼國王阿伽門農和希臘第一勇士阿基里斯之間的爭執，並集中描寫戰爭結束前五十天的故事。

④出於美國現實主義小說家‥威廉．迪恩．豪威斯（William Dean Howells）《我的文學激情》（“My Literary Passion”）

第九章　假如我有三天光明

我們都讀過一種故事，故事中的主人翁只剩下有限的生命，有時候是一年，有時候只剩下一天。而我們總是會很好奇，想知道他們會選擇怎樣的方式度過最後的日子。這樣的故事常常讓我思考，想像自己在相同的情況下會做些什麼？在回憶過去的生活時會發現什麼快樂和遺憾？

有時候我想，用「明天就會死去的假設」度過每一天才是最好的，這種生活態度會突顯出生命的意義和價值。我們應該懷著真誠、熱情和感激度過每一天。但是光陰日復一日、月復一月、年復一年地展現在我們面前的時候，這種積極的生活態度又會消失得無影無蹤。

大多數人都將生命視為理所當然。我們知道自己在將來會因衰老而死去，但總是把這一天想得極其遙遠，因為當我們健康的時候，很少會想到死亡。我們每天都做著瑣碎的事情，很少意識到自己對生活和生命麻木的態度。

同樣地，我們對所有感官的使用也是如此。只有聾人才能感受到聽覺的寶貴，只有盲人才能意識到視覺的珍貴。至於感官正常的人，常常模糊地接受所有的聲音和影像，既不專注也不重視，直到失去時才會珍惜。正如同自古以來，人們只有生病了，才會意識到健康是如此地美好和重要。

我有時會測試一下眼睛看得見的朋友，讓他們說說自己都看到了什麼。最近有一位好朋友來拜訪我，那時她剛從樹林中散步回來，我問她有沒有什麼東西令她印象深刻？她回答說：「沒有什麼特別的東西。」

如果不是我早已對這樣的回答習以為常，一定會覺得難以置信。我問自己，怎麼可能在樹林中走了一個小時卻看不

到值得注意的東西呢？我這樣一個雙目失明的人，僅僅透過觸摸，就常常發現無數令我感興趣的事物。

我能感覺到樹葉巧奪天工的對稱圖形，也喜歡用手撫摸樺樹光潔的樹幹和松樹無比粗糙的樹皮。春天，我會滿懷驚喜地觸摸樹枝上的嫩芽，感受花瓣絲絨般的質感。如果幸運的話，當我把手放在一棵小樹上的時候，會感覺到小鳥在枝頭歡歌雀躍地顫動。我快樂地讓清涼的溪水流過我的手指，欣喜地踩在松針或柔軟的小草所鋪成的地毯上。對我來說，大自然就像是一齣四季變換的戲劇般生生不息。

我心中懷著熱烈的渴望，希望能夠真正看見這一切。如果只依靠觸覺就能夠得到這麼多快樂，那麼視覺能夠發現的美又會有多少呢？遺憾的是，在許多正常人看來，視覺僅僅是種方便的工具，幾乎沒有人會將它視為美好生活的珍寶。

如果我是大學校長，我就要設立一門「如何使用眼睛」的必修課。教這門功課的教授要指導學生們，如何看到他們面前不被注意到的東西，為他們的生活增添歡樂，並喚醒他們休眠的感官。

想像一下，如果只有三天的時間讓我用眼睛看世界，我最想看到的是什麼？我將如何度過這三天？

第一天，我想看見愛我、陪伴我、使我的生命變得有價值的人。我想看看我親愛的蘇利文老師，並把她臉上的輪廓永久地珍藏在我的記憶裡。我還想仔細研究她的臉，看盡她那充滿同情和愛的溫柔眼神，從中找到讓她能克服一切困難、使她能傾注所有心血教導我的堅韌。

我要把所有親愛的朋友們都叫到身邊來，久久地注視著他們的臉龐，將擁有美麗心靈的他們的外在形象刻印在我的腦海裡。我也要看一看嬰兒的面孔，感受孩子們純真可愛、天真無邪的美。

我還要凝視忠實、可靠的狗兒們的眼睛，包括機靈活潑的小斯科蒂、小黑，還有善解人意的大丹恩、赫爾加。牠們親熱、頑皮和忠實的友誼，是我心中最大的慰藉。

我想看看家裡的小擺設。看腳下色彩溫暖的小地毯、牆上美麗的圖畫，還有那些可愛的小物件。我會將目光停留在讀過的盲文書籍上、翻一翻給有視力的人閱讀的印刷圖書。因為在我的生命中，書籍是一座指引我前行的燈塔，為我揭示了生命的意義和價值。

第一天的下午，我要在樹林裡自由地漫步，讓我的眼睛流連於大自然的美麗景象，在幾個小時之內領略無限美好的自然風光。在散步回家的時候，我會走農場旁的小路，這樣就可以看到在田裡耕地的馬匹和在鄉村生活的人們。我也希望能看到輝煌燦爛的落日景象，感受它的恬靜和壯麗。

黃昏，我會感受到在人造光線下看東西的喜悅。因為人的創造才能，使人們能夠在大自然黑暗的時候看到這個豐富多彩的世界。

第一天的夜裡，我可能會睡不著，因為腦子裡充滿了這一整天的記憶。

第二天，我會在黎明到來的時候起身，觀看太陽喚醒沉睡的大地、磅礴燦爛的宏偉景象。在這一天，我要看一看世界的過去和現在。我想看看人類進步的足跡和千變萬化的世界。怎樣才能在短短的一天之內，看到這所有的一切呢？恐怕只有博物館才能辦到了。

我要參觀紐約自然博物館，用眼睛觀看在那裡展出的地球居民簡史—在人類出現前就已經在地球上生存的恐龍和乳齒象的巨大骨骼、動物的進化過程、人類在發展進步的過程中使用過的工具，還有博物館內其他方面的展品。

我的下一站是大都會藝術博物館。正如自然博物館展示了世界的物質層面，大都會藝術博物館則展現了人類的精神世界。在整個人類歷史當中，人類對藝術的表現欲望與生存的渴望一樣強烈。

這裡展示了埃及、希臘和羅馬的藝術作品。我的手曾經觸摸過古代埃及的男神和女神雕像，和阿波羅、維納斯和薩摩色雷斯勝利女神像，以及長著大鬍子的荷馬塑像。我還摸過米開朗基羅創作的摩西像、羅丹雕塑作品流暢優美的線條和哥德式風格的木雕。我能感受到這些藝術品震撼人心的力量和美，但我只能在頭腦裡猜測和想像它們。

因此，在我具有視力的第二天，我要用眼睛領略人類偉大的藝術成就。更讓人激動的是，整個繪畫世界將會展現在我面前，從文藝復興前懷著虔誠宗教信仰的義大利畫家，到充滿熱烈情感和想像力的現代派畫家。我還要仔細欣賞拉斐爾、

達文西、提香和林布蘭的油畫，我要盡情感受韋羅內塞的華美色彩、葛雷柯的神祕風格，以及柯洛對大自然的光和空氣的描繪。對於眼睛看得見的人來說，藝術中蘊含著多麼豐富的美和意義啊！

藝術家告訴我們，如果想要真正地鑑賞藝術品，你必須訓練你的眼睛，也必須學會欣賞線條、構圖、造型和色彩。如果我看得見，我會多麼開心地去欣賞和研究這令人心醉神迷的藝術世界啊！

在獲得視力的第二個晚上，我要在劇院或者電影院裡度過。我常常去看各式各樣的戲劇演出，但是必須有

一個人把劇情拼寫在我的手心裡。這一晚，我要用自己的眼睛欣賞哈姆雷特的英俊形象和他的每一個動作，還有穿著伊莉莎白時代漂亮服裝的福斯塔夫和她有趣的樣子。我還想看幾十齣戲劇，可是時間只允許我看一齣。

看得見、聽得見的人，能夠觀看演出戲劇中的動作、傾聽臺詞，並感受其中的節奏之美，這是多大的樂趣啊！如果我能看到一齣戲劇，我就可以在心中描繪出我用盲文字母讀到的戲劇情節了。

因此，在我想像中獲得視力的第二個夜晚，我將徹夜未眠，只為了真實地感受戲劇文學中偉大人物的形象。

第三天早晨，我將再一次迎接初升的太陽，渴望發現新的美麗。在這個我最後看得見的日子裡，有太多的東西要看了。我在第一天見到了朋友、動物和自己的家，在第二天瞭解了人類和大自然的歷史。而今天，我將在現今這個繁忙的人類世界裡度過。紐約將會是我的目的地。

我離開了位於紐約長島的家。這裡有碧綠的草地、蔥郁的樹木、豔麗的花朵和可愛的房屋，各處迴響著婦女和孩子歡樂的聲音，這裡是在城市辛勤工作的男人們幸福的港灣。我駕車經過橫跨東河的鋼筋結構橋梁，忙碌的船隻在河上呼呼地行駛，一切都顯得那麼生氣勃勃。

我的眼前出現了聳立的摩天大樓，這些高大的建築猶如天神為自己建造的雕塑般，令人嘆為觀止。我匆忙地來到帝國大廈的頂層，因為我不久前曾在那裡透過祕書的眼睛「看到」了腳下的城市，所以現在我才急於觀望眼前的景象，想知道，那和我想像的情景是否相同。

接著，我會在城市裡自由遊覽。我要站在熱鬧的路口，觀察來來往往的人潮，瞭解他們的生活狀況。從這些匆匆忙忙的人的臉上，我看到了笑容、痛苦和決心。

我將沿著「第五大道」漫步，在川流不息的人群中觀察婦女們衣服的顏色，就像在看一個色彩瞬息萬變的萬花筒，這是一個讓我永遠不會感到厭倦的遊戲。如果我看得見，我會和許多女性一樣，對衣服的樣式和剪裁感興趣，也會流連於陳列各式各樣美麗物品的商店櫥窗，那對於眼睛來說一定是一種舒適地享受。

我會開始遊覽城市，到公園大道、貧民區、工廠和孩子們玩耍的公園。我會參觀外國人的居住區，進行一次不出國的旅遊。我的眼前將充滿人們工作和生活的景象，有些景象是幸福美好的，有些則是可憐可悲的，但即使是後者，我也不想閉上自己的眼睛，因為它們也是生活中的一部分。

我擁有視力的第三天即將結束。在最後的幾個小時，我也許會跑到劇院去，再看一場滑稽可笑的戲劇，領會人類精神中的喜劇色彩。

在即將來臨的午夜時分，永恆的黑暗又將把我包圍。短短的三天裡，我不可能看遍我想看的一切，有許許多多的東西我來不及欣賞。但是愉快的記憶會儲存在我的頭腦裡，當我觸摸每件物品的時候，都會想起物品形象的生動記憶。

我，一個盲人，想給有視力的人一個忠告：「像明天就要失去光明一樣使用你的眼睛和其他感官吧！」傾聽悅耳的聲音、小鳥的歌唱、音樂的旋律，就彷彿明天你就要失去聽覺；觸摸你想碰的每一件東西，彷彿明天你就要失去觸覺；深深地吸一口花的清香、細細地品嘗每一小口食物，彷彿明天你就要失去嗅覺和味覺。總之，請善加利用每一個感官，享受生活賦予你的每一種能力。但是在所有的感官之中，我相信，視覺一定是最使人感到愉快的。

專文導讀

許慧貞
閱讀史懷哲獎得主
花蓮明義國小閱讀推動教師

只要面朝陽光，便不會看見陰影

海倫．凱勒出生於阿拉巴馬州的常春藤園，甫打開人生序章，卻因為一場疾病，讓原本聰穎活潑的她再也看不見、聽不見，完全失去與外界溝通的能力，陷入痛苦無助的黑暗世界中。面對如此絕境，海倫．凱勒居然仍能克服重重障礙，學會點字、發聲、使用打字機，並接受正規教育，以優異的成績畢業於哈佛大學。這樣一個不可能的任務，她究竟是如何辦到的呢？

海倫．凱勒出生地「常春藤園」（Ivy Green）*1

海倫．凱勒說：「只要面朝陽光，便不會看見陰影。」面對命運的試煉，她沒有讓自己耽溺在黑暗當中，而是選擇以堅強的毅力和不屈不撓的精神，在蘇利文老師等諸多貴人的襄助之下，努力奮發，持續前進。

現在，就讓我們一起來認識海倫．凱勒生命中的陽光。

勇敢慈愛的父母

教育孩子本來就不是一件容易的事，更何況要引導又盲又聾的孩子去面對一個沒有光線、沒有聲音的世界，這對海倫．凱勒的父母該是一項多麼大的挑戰呀！所幸，海倫．凱勒擁有溫厚慈祥且勇氣十足的父母，他們陪著海倫一起在黑暗中摸索前進，一次又一次地嘗試各種溝通方法。雖然歷經三番五次

海倫．凱勒（1880-1968）肖像，收藏於國家肖像館 *2

的失敗，但他們從不輕言放棄。日積月累之下，他們總算摸索出不少溝通訣竅，除了被動地從海倫的肢體語言揣測她的喜怒哀樂之外，也逐漸能引導她學習運用觸覺去感受周遭的事物。

儘管在美國南方的偏僻小鎮沒有特殊學校，也找不到合適的家庭教師，但海倫．凱勒的父母始終沒有放棄讓海倫求學，仍然竭盡所能地為她尋求機會。在鍥而不捨的努力及蘇利文老師的陪伴之下，海倫得以進入波士頓帕金斯學院學習，從此展開求學之路，最終更是拿到哈佛大學的文學學士學位。

「在那漫長的黑暗日子裡，完全是母親的慈愛與引導，讓我得以保有活下去的信心。」海倫．凱勒在自傳中傳達了她對母親最誠摯的謝意。

波士頓帕金斯學院於 1912 年前的舊校外觀 *3

貝爾博士

對多數人而言，一提到貝爾博士，大家總會聯想到電話的發明者。但對海倫．凱勒來說，他不僅是致力於聾啞教育的大慈善家，更是她至親至愛的一生摯友。

貝爾博士對聾啞教育的熱心可以說是來自家傳，他的祖父就是口吃矯正法的創始者，而他的父親則發明了脣讀法，甚至連他的母親和妻子也都是聽障人士。因此，當海倫．凱勒的父母向他求助時，他便對海倫伸出了溫暖的友誼之手，不僅親切地歡迎他們一家人，還抱著海倫坐在他膝上，讓她觸摸把玩他的金手錶。

由於貝爾博士是一位傑出的科學家，有不少知名的科學家會到他家去做客，如果海倫正好也在場，貝爾博士就會把他們的對話一一寫在她的手上。貝爾博士告訴海倫：「世界上的事情無所謂難易，只要你用心去學，就一定能弄明白。」

除了溫暖的友誼之外，貝爾博士更是費盡心思，為海倫尋訪到日後與她相伴一生

電話發明家——貝爾博士 *4

的良師——蘇利文老師，開啟她奇蹟般的學習歷程。海倫．凱勒形容貝爾博士是引領她「由黑暗進入光明，由孤寂進入友愛、交誼、知識與愛的門徑」的貴人。

蘇利文老師

在蘇利文老師到來之前，海倫．凱勒形容自己「像在霧中航行的船，沒有指南針，沒有探測儀」。蘇利文老師為深陷黑暗世界的海倫點亮一盞燈，除了用心陪伴她讀書與拼字之外，對日常生活禮節的要求也很嚴格。由於自小殘疾，海倫的父母十分溺愛她，把她慣成了為所欲為的小霸王。為了糾正海倫的壞習慣，蘇利文老師甚至要求海倫父親給她兩週的時間，讓她單獨帶著海倫在另一棟房子生活。在蘇利文老師的堅持與調教之下，海倫逐步建立了良好的生活常規。

蘇利文老師教導海倫學習 *6

在教導海倫的過程中，由於沒有任何教育經驗可以遵循，蘇利文老師以無比的愛心、耐心和毅力，帶領她突破學習上的困境。當蘇利文老師想盡辦法，終於讓海倫能夠將文字中的「水」和真實世界的水連結起來時，她周遭的事物才因為文字而有了生命，她終於明白，萬事萬物都有名字，每個文字都在啟發她的思想，她迫不及待地想要認識世界。

海倫認識「水」的經典過程被後人製成雕像 *7

於是，蘇利文老師將教室延伸到戶外，在風和日麗的日子裡，她們會在戶外學習，讓大自然的花草樹木、蟲魚鳥獸，也參與海倫的教育。蘇利文老師奉獻她的一生，不離不棄地陪伴在海倫身旁五十年，不僅傳授知識，更教導她什麼叫做「愛」。海倫．凱勒也將這份愛深深放在心底，如果能夠有三天的時間讓她用眼睛看這個世界，她第一時間想看到的就是蘇利文老師：「我想看看我親愛的老師─蘇利文老師，並把她臉上的輪廓永久地珍藏在我的記憶裡。我還想仔細研究她的臉，看盡她那充滿同情和愛的溫柔眼神，從中找到讓她能克服一切困難、使她能傾注所有心血教導我的堅韌。」

我只看我擁有的，不看我沒有的

在成長的道路上，我們難免會遇到挫折，也總是充滿各種困惑。對於許多盡了全力拼搏，卻仍深陷挫折的孩子，海倫．凱勒的故事，應該可以帶給大家一些啟發和希望。

海倫．凱勒說：「我只看我擁有的，不看我沒有的。」縱使從小看不到也聽不到，海倫並沒有讓自己陷溺在缺憾中，在她的故事裡，我們能夠看見她是如何把握每個來到身旁的機會，全心全意地努力學習，鍥而不捨地為自己奮力活出精彩的人生。這股

海倫．凱勒紀念肖像之一 *8

不讓困境阻礙前行的能力，正是我們希望從海倫．凱勒身上學習的勇氣。而後人更是透過各種方式，來紀念這位傳奇性的聾盲作家，讓她偉大的事蹟得以流傳千古。

◆知識小寶典：認識盲文

我們都知道海倫．凱勒是一位聾盲人士，閱讀及書寫皆須依靠盲文，但我們對這種文字又瞭解多少？

盲文是一種長方形的符號，由六個固定位置的點（左右兩行，上中下三層）組成，根據每個點的突出與否，共可形成六十四種符號。一般而言，盲人可使用盲文書寫板或點字機進行書寫。

盲文書寫板：分為點字板與點字筆。點字板由兩片相疊的金屬板或塑膠片組成，下層為擁有許多凹

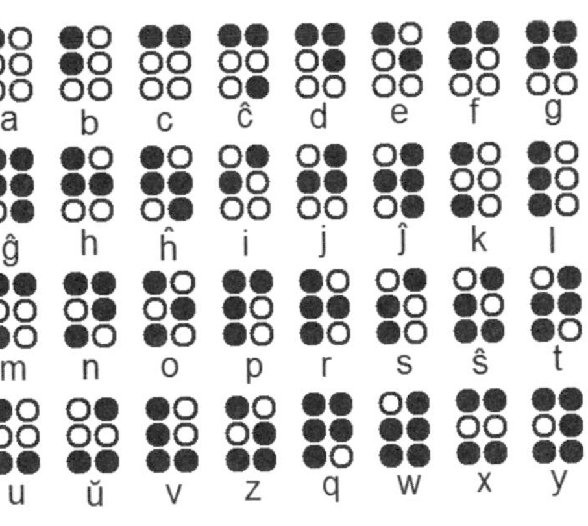

盲文字母 *9

點的模板，上層則是多個將盲文間隔成適當距離的孔洞，通常可供書寫四至六排盲文；點字筆為一金屬筆尖套上木頭或塑料圓柄。透過使用書寫模板，盲人能夠按照固定且整齊的間距刺出盲文，為無法使用雙目判斷位置與字距的他們，提供了相當大的便利。

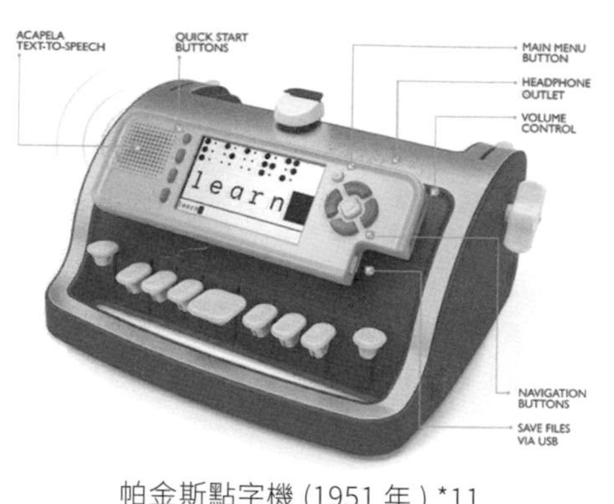

帕金斯點字機 (1951 年) *11

點字機：雖然書寫板已是盲人常用的學習工具，但由於它需要一次一次地將每個點逐一刺出，使用起來相當耗時，於是美國波士頓帕金斯學院在一九五一年成功研發了「帕金斯點字機」。這款機器設計精確、構造簡單，主要按鈕有：分別代表一至六點的按鈕、一個空格鍵、一個空行鍵及一個返回鍵。點字機最方便的特性是可同時按下相應點數的按鍵打出數個點，比起書寫板的一次一點快速許多。並且，由於同時用力，故所打出的字將因受力均勻而更整齊美觀。

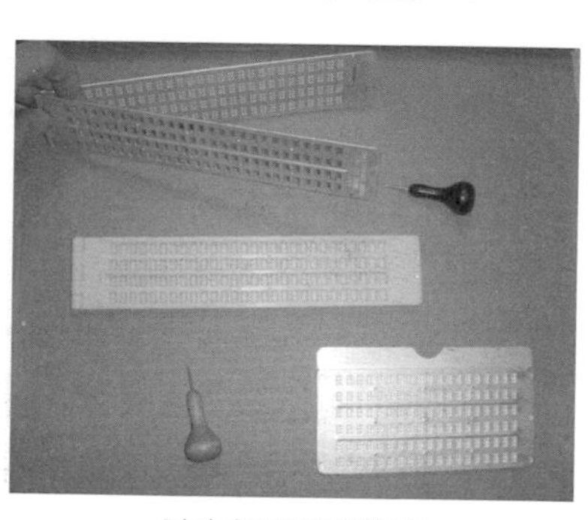
點字板及點字筆 *10

時至今日，除了書寫盲文的工具外，我們在日常生活中亦能經常見到許多輔助盲人的設施。無論是幫助盲人辨別方位、提示轉向和警告危險的導盲磚，或是電梯、路標等附註的盲文標誌及其他無障礙設施，都讓失明人士得以在伸手不見五指的世界中辨別事物，提高他們獨立生活的能力，並更輕易地融入社會。

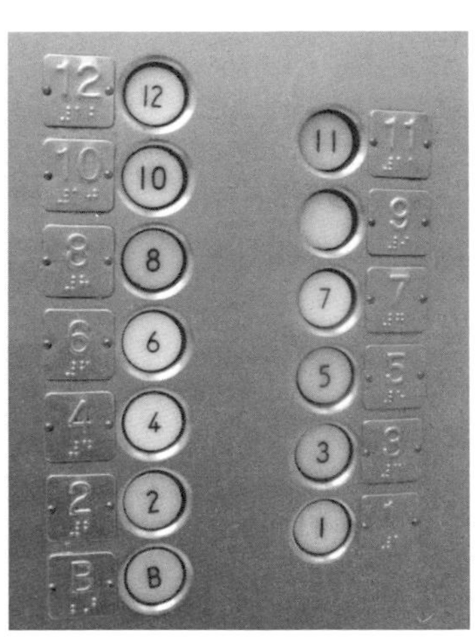

電梯裡的盲文輔助標誌 *12

溫故、發想、長知識

1 海倫·凱勒為什麼有一天突然失去了視覺和聽覺？

2 為什麼失去視覺和聽覺的海倫·凱勒會無法說話？

3 蘇利文老師是如何教導海倫·凱勒學習的？

繼續發想

1 如果你和海倫·凱勒一樣，突然間失去視覺與聽覺，你會如何克服這突如其來的困境？

2 我們生活中能看到一些諸如人行道上的導盲磚、電梯樓層鍵旁的點字等，專為盲人打造的引導設備。你知道還有哪些設備同樣是為了盲人所設置的？

3 如果你必須選擇失去一項五感知覺（聽覺、視覺、觸覺、味覺、嗅覺）你會選擇哪一種？

4 失去了這項知覺後，在生活上會造成哪些影響及不便？

5 你認為用什麼方式能彌補所失去知覺的不便？

6 海倫．凱勒因為從小失去聽力，所以無法透過模仿大人說話來學習發音，導致有很長一段時間她都無法講話，只能發出喊聲。想想看，你選擇失去的那項知覺，有可能導致你其它感知的變化嗎？

7 海倫．凱勒熱愛文字創作與學習，就算失去視力和聽力，她仍靠著不斷重複的練習與毅力完成學業和出版自傳。你失去的感知會阻擋你追求夢想的腳步嗎？有的話你該如何克服身體上的不便，來完成夢想呢？

8 故事中海倫．凱勒對於學習數學感到不便，你有什麼更好的方法能幫助她學習算數嗎？

9 故事中提到海倫·凱勒曾經不小心抄襲了〈冰霜仙子〉的文章，你覺得應該如何區分「抄襲」和「引用」？

10 海倫·凱勒在書中提到「假如給我三天光明」會如何運用這三天。想一想，如果有三天時間讓你選擇能擁有的人事物，你會選擇什麼？又會如何度過這三天？

解答：P.151

照片來源：Wikimedia Commons

1. 海倫．凱勒出生地「常春藤園」(Ivy Green)
作者：Jennifer Lee
日期：2009年
來源：海倫．凱勒的童年故居
授權許可：我，此作品的版權所有人，決定用以下授權條款發佈本作品：此文件採用創用CC姓名標示2.0通用版授權條款。

2. 海倫．凱勒(1880-1968)肖像，收藏於國家肖像館
作者：Charles Whitman
日期：1904年
來　源：https://artsandculture.google.com/asset/2wE0czdrGQK4wA
授權許可：作品屬於公共領域

3. 波士頓帕金斯學院於1912年前的舊校外觀
作者：不詳
日期：不詳
來　源：https://en.wikipedia.org/wiki/File:Perkins_School.jpg
授權許可：作品屬於公共領域

4. 電話發明家—貝爾博士
作者：不詳
日期：不詳
來　源：https://commons.wikimedia.org/wiki/File:Alexander_Graham_Bell_in_colors.jpg?uselang=zh-hant
授權許可：作品屬於公共領域

5. 貝爾發明的首台電話
作者：MdeVicente
日期：2014年
來源：個人作品
授權許可：我，此作品的版權所有人，決定用以下授權條款發佈本作品：此檔案在創用CC CC0 1.0通用公有領域貢獻宣告之下分發。

6. 蘇利文老師教導海倫學習
作者：Michael T Sanders
日期：1899年
來源：個人作品
授權許可：我，此作品的版權所有人，決定用以下授權條款發佈木作品：此文件採用創用CC姓名標示-相同方式分享4.0國際授權條款。

7. 海倫認識「水」的經典過程被後人製成雕像

作者：Gabi Hernandez
日期：2010 年
來源：個人作品
授權許可：作品屬於公共領域

8. 海倫・凱勒紀念肖像之一
作者：dbking
日期：2006 年
來源：https://www.flickr.com/photos/65193799@N00/168544485
授權許可：我，此作品的版權所有人，決定用以下授權條款發佈本作品：此文件採用創用 CC 姓名標示 2.0 通用版授權條款。

9. 盲文字母
作者：Osho-Jabbe
日期：2008 年
來源：個人作品
授權許可：作品屬於公共領域

10. 點字板及點字筆
作者：Jeepday
日期：2008 年
來源：個人作品
授權許可：作品屬於公共領域

11. 帕金斯點字機（1951 年）
作者：Movierain
日期：2012 年
來源：個人作品
授權許可：我，此作品的版權所有人，決定用以下授權條款發佈本作品：此文件採用創用 CC 姓名標示 - 相同方式分享 3.0 未在地化版本授權條款。

12. 電梯裡的盲文輔助標誌
作者：不詳
日期：2007 年
來源：https://commons.wikimedia.org/wiki/File:Elevator_panel_with_Braille.jpg
授權許可：作品屬於公共領域

答案

1 海倫．凱勒在十九個月大時，因高燒導致失去了視覺和聽覺。

2 失去了視覺與聽力，海倫的語文能力很快就完全退化。

3 手上拼寫單詞，向她展示她周圍物體的名稱。

繼續發想

無標準答案，請與你的親人、朋友一同發想討論。

國家圖書館出版品預行編目 (CIP) 資料

世紀名家：逆境勇者 / 海倫 . 亞當斯 . 凱勒 (Helen Adams Keller) 作 . -- 初版 . -- 桃園市：目川文化數位股份有限公司 , 2023.09
152 面 ; 15x21 公分 . -- (世紀名家系列 ; 4)
譯自：The story of my life
ISBN 978-626-97050-9-2(平裝)
1.CST: 凱勒 (Keller, Helen, 1880-1968)
2.CST: 傳記
785.28　112014441

世紀名家系列 004
世紀名家 - 逆境勇者
ISBN 978-626-97050-9-2　書號：CRAA0004

作　　者：海倫 · 亞當斯 · 凱勒
　　　　　Helen Adams Keller
主　　編：林筱恬
編　　輯：徐顯望
插　　畫：鄭婉婷
美術設計：巫武茂
出版發行：目川文化數位股份有限公司
總 經 理：陳世芳
發　　行：劉曉珍
地　　址：桃園市中壢區文發路 365 號 13 樓
電　　話：(03) 287-1448
傳　　真：(03) 287-0486
電子信箱：service@kidsworld123.com
法律顧問：元大法律事務所
印刷製版：長榮彩色印刷有限公司
總 經 銷：聯合發行股份有限公司
地　　址：新北市新店區寶橋路 235 巷 6 弄 6 號 4 樓
電　　話：(02) 2917-8022
官方網站：www.aquaviewco.com
網路商店：www.kidsworld123.com
粉 絲 頁：FB「目川文化」
出版日期：2023 年 9 月
定　　價：350 元

建議閱讀方式

型式	圖圖圖	圖圖文	圖文文		文文文
圖文比例	無字書	圖畫書	圖文等量	以文為主、少量圖畫為輔	純文字
學習重點	培養興趣	態度與習慣養成	建立閱讀能力	從閱讀中學習新知	從閱讀中學習新知
閱讀方式	親子共讀	親子共讀 引導閱讀	親子共讀 引導閱讀 學習自己讀	學習自己讀 獨立閱讀	獨立閱讀